Version courte

Thione NIANG

MÉMOIRES D'UN ÉTÉRNEL OPTIMISTE

*"A personal story of perseverance,
triumph over obstacles and the power of a dream"*

WASHINGTON **PUBLISHING**

Ce livre est chaleureusement dédié à mon défunt Grand père
Mam Thione.

Mam Thione m'insuffla comment devenir un homme,
il m'apprit à cultiver l'humilité, la foi, l'amour et la tolérance
envers l'autre.
Maman m'enseigna l'amour et la compassion.
Mes enfants m'apprirent la responsabilité.

Grand père, Je t'aime. Je me souviens encore de ton amour pur,
sincère et protecteur envers moi, je ne peux et pourrai jamais
t'oublier. Repose éternellement en paix.

Remerciements

Je dois de profonds remerciements à toutes les personnes formidables qui m'ont soutenu et aidé, durant toute la rédaction de ce livre. Mais tout d'abord, j'exprime toute ma gratitude et ma reconnaissance à Dieu qui m'a permis d'achever cet ouvrage.

À Mam Thione et Maman : impossible pour moi de vous remercier suffisamment pour tout ce que vous avez fait ; de l'amour inconditionnel dans lequel vous m'avez élevé, des valeurs traditionnelles que vous m'avez inculquées, de l'humilité que vous m'avez enseignée ; jusqu'à la foi et la bonté que vous m'avez appris à partager aec les autres.

Et à mes cousin(e)s Ndeye Khady, Ndeye Diakhou, Ousseynou, Bouna, Awa Diouf et Thiéka : merci pour tous ces merveilleux souvenirs qui agrémentent mes jours, merci de vos soutiens et encouragement constants.

Un spécial merci à Cheikh Baye Touty Niass, qui me montre que tout est possible avec la foi, le travail acharné et la détermination.

Je tiens à remercier mes deux fils Bass & El Hadji et le reste de ma famille, qui m'ont soutenu et m'ont encouragé, en dépit de tous les obstacles et du temps qu'il m'a fallu passer loin d'eux. Ce fut un voyage long et difficile pour nous. Un merci tout spécial à mon frères El Hadji Falilou Niang & à mon meilleur ami Amadou Gningue ; qui ont toujours été là pour moi.

Je voudrai exprimer ma profonde gratitude à ma rédactrice Naida Wesley :) Bongo qui a fourni soutien, échange, lecture, écriture, commentaire, assistance dans l'édition, relecture, correction et du temps dans l'harmonisation de ce livre. Je suis extrêmement reconnaissant et redevable envers elle pour son expertise, ses conseils et ses encouragements toujours sincères et précieux qu'elle a sans cesse eu à mon égard.

Je suis extrêmement reconnaissant envers Didier & Alix qui ont rédigé la version française du livre. Leur foi en moi m'a beaucoup touché. Je suis heureux de vous avoir dans ma vie. Vos conseils et critiques seront toujours très importants pour moi.

Rama et Aminata mes vrais premières lectrices et mes perpétuelles championnes au cours de la rédaction de cet ouvrage, merci pour tous vos retours. Merci de croire en moi et de toujours être à mes côtés pour rendre les choses meilleures.

Je place dans ces dernières lignes, ma reconnaissance à tous ceux qui directement ou indirectement m'ont aidé dans cette aventure. Mon frère Amour Gbovi du Bénin, Mor et Daouda Ndao, Joyana Niang, Tonton Sorano Ibrahima Diakhaté, Sam Tidmore de Cleveland, Mickael Ruff, Fatima Niang, le conseiller Kevin Conwell, la sénatrice Shirley Smith, Cheikh Baye Touty Niass, Dr Corttrell Kinney, Joy Evans, Amour Avoce, Ass Dieng, Oumy Salamata Niass qui m'a ouvert ses portes mon premier jour aux Etats Unis, Jennifer Douglas ma maman américaine, Tarik, Al Housseynou Bâ, Deidré Davis, Tonton Pape Diop, Anta Dieye, Tante Sadio, Tante Nabou, Tante Mbegou, Ben Niass, Yaye Khady Faty Niass, Michiri Fall, Ndeye Khady Fall, Tarik, Imam Daoud, Steven Olikara, David Monfort, Momo Diallo, Marc Chapman, Abdoulaye Ly, Abdoulaye Ndao LayePro pour la couverture du livre, Jacqueline Cofield, Modou Diop et au Président Obama pour l'inspiration qu'il m'a toujours apportée.

A toute ma famille Give1Project qui m'inspire quotidiennement. A tous mes merveilleux amis, anciens et nouveaux – merci d'être toujours là pour moi !

Enfin et surtout : Je demande pardon à tous ceux qui ont été avec moi aux cours de toutes ses années et dont les noms ne sont pas mentionnés. A tous ceux qui ont contribué à faire de moi la personne que je suis … Merci ! Que Dieu vous bénisse.

Thione Niang

Préambule

Est-ce l'approche de la quarantaine, cet âge dont on dit qu'il pousse un homme à réfléchir sur son existence, à se poser des questions sur son cheminement ? S'agit-il de faire le point à mi-vie ? Aujourd'hui, j'ai 37 ans, mes fils grandissent et changent à une vitesse inouïe, ils s'adaptent avec beaucoup de talent et d'intelligence à leur environnement tellement fluctuant. Je les vois se construire sur des modèles très différents de celui qui fut le mien. Parfois, j'en suis désarçonné, souvent déconcerté.

Est-ce la fréquence des questions concernant mon parcours ? Si souvent posées, ici ou là, au fil des années, elles m'ont fait comprendre combien mon histoire est différente, voire surprenante en ces temps d'échanges infinis, de monde ouvert et accessible, et pourtant encore si figé dans beaucoup de domaines. Oui, ma vie est atypique : né et élevé en Afrique, je suis passé en 22 ans d'une petite ville sénégalaise dénuée de beaucoup de choses, mais si riche d'autres, à une vie inespérée aux USA ; jusqu'à pouvoir travailler aux côtés du Président Barack Obama. Aujourd'hui, je possède une double nationalité, sénégalaise et américaine, et bien au-delà, une double culture qui est encore aujourd'hui porteuse de sens, et se révèle une vraie mine de trésors, une stimulation permanente. Jamais, au grand jamais, je n'oublie d'où je viens. Et mon parcours intrigue, voire intéresse, des personnes toujours plus nombreuses.

L'individualisme croissant de nos sociétés, le «tout, tout de suite» qui semble parfois caractériser les générations montantes me poussent à réfléchir sur ce que je suis, ce que je peux apporter et ce que peut être ma contribution aux changements nécessaires; des changements attendus par des multitudes de populations, confrontées souvent à des modèles de vie injustement inaccessibles à leurs yeux.

Aujourd'hui, je veux contribuer à un monde meilleur, et je crois fermement et sincèrement que c'est non seulement possible, mais aussi absolument indispensable. Parce que ma vie a radicalement changé, parce que je crois en la solidarité et l'échange, parce que j'ai expérimenté combien l'union fait la force, parce que la démocratie participative est un objectif sensé, parce que l'expérience de l'un sert à l'autre, bref parce qu'il faut s'entraider à tout prix, j'ai eu envie de témoigner.

S'agit-il de mes projets en cours ou futurs, qui me motivent et me rappellent constamment mes objectifs? L'émergence de l'Afrique, ce continent enfin fort d'un avenir, et les multiples projets impliquant la collaboration des acteurs majeurs des pays africains, me passionnent et me bouleversent. Cela me renvoie si fort à ma propre vie... Oui, de Kaolack à Washington, c'est possible!

J'ai tellement reçu, à travers les rencontres, les lieux et les circonstances ...Pour moi, aujourd'hui, le temps est venu de rendre et donner à mon tour, en portant Give1Project au point le plus haut possible.

Repérer et accompagner les jeunes porteurs de projets à travers la planète, développer des projets citoyens comme celui de permettre enfin l'électrification de l'Afrique à grande échelle, et surtout améliorer le monde, pour les générations futures, tel est aujourd'hui mon but. Et le travail ne manque pas!

A travers quelques exemples et situations que j'ai vécus, j'ai voulu illustrer tout cela : raconter mon ambition, quand et comment elle devient une source de motivation permanente, et restituer ces moments-clé de mon existence qui ont permis à mon rêve de devenir ma réalité. Telle est la raison d'être des pages qui suivent.

J'ai raisonné et organisé ce récit par thèmes, en tentant d'illustrer chacun d'eux par un exemple vécu ou une expérience riche de sens.

+++++++++++++++++

Première partie :

Ma jeunesse : la quête d'un avenir meilleur

Un univers familial peu ordinaire

Imaginez mon histoire : je suis né au Sénégal, à Kaolack, à 200 km de Dakar, en janvier 1978. Le plus souvent, la naissance d'un enfant est l'aboutissement d'une belle rencontre entre deux êtres. Au-delà d'une preuve d'amour, l'arrivée d'un enfant reflète souvent le désir de préservation, ou encore de transmission.

Hélas, je ne suis pas le fruit d'un tel amour. Mon histoire est toute autre.

Mon père, Moustapha Niang, était enseignant à l'école élémentaire de Kaolack. Dans sa classe de CM 2, se trouvait une jeune élève pas comme les autres. Dans une houleuse et tumultueuse marée d'écoliers, s'était dissimulée une perle rare. Calme, posée, aux gestes gracieux et délicats, Yacine Diouf avait captivé l'attention de son enseignant. Sa prestance et sa maturité n'avaient pu le laisser indifférent. Enivré par le désir de mieux la connaître et dans l'espoir de la découvrir libérée de sa timidité, Moustapha décida que cette jeune fille serait sa promise. Elle était issue d'une bonne famille, religieuse, traditionnelle et respectée au sein de la communauté. L'instituteur se rendit auprès de son père, mon grand-père en l'occurrence, Thione Diouf, pour lui demander la main de sa fille. Mon père représentait un bon parti aux yeux de grand-père, « Mam Thione », comme on aimait l'appeler. Instruit, stable et déjà père de famille, Mam Thione considérait Moustapha comme un prétendant digne de sa fille.

Les liens du mariage furent scellés entre mon père, âgé de 35 ans, qui avait déjà une femme, et ma mère, jeune adolescente de 15 ans, qui devint sa deuxième épouse. Au Sénégal, dans les familles ancrées dans la tradition, il faut bien comprendre que le mariage se négocie et se fait entre familles, et non entre les êtres concernés. Si l'homme peut parfois choisir sa compagne, il n'en est pas de même pour la femme, souvent la dernière à être informée de son nouveau statut. Ainsi Mam Thione annonça à sa fille :

« Tu es à présent une femme mariée et voici ton époux. Avec le temps, tu apprendras à l'aimer, à le respecter et à lui obéir ».

La célébration eut lieu à la mosquée de Medina. Ce fut un événement exclusivement masculin : les pères des mariés donnèrent leur consentement devant les témoins présents, et le destin de Yacine fut dès lors scellé. Traditionnellement, les hommes et les femmes ne se mélangent pas. Par conséquent, la jeune mariée, autorisée à voir Moustapha uniquement la nuit tombée, resta avec les autres femmes, à la maison, durant toute la cérémonie.

Ce moment constituait pour la jeune Yacine une initiation à sa nouvelle vie, car une myriade de conseils, astuces et obligations allaient lui être transmis par l'assemblée de femmes, soudainement devenue expertes en relations conjugales.

Arrivée à sa nouvelle demeure, la jeune mariée fut accueillie par une assemblée aux visages inconnus. La plus âgée des femmes, pointant le fond de la salle d'un geste flou annonça: « *Voici ta nouvelle famille* », avant de disparaître. Les mains moites et le cœur palpitant, la jeune Yacine s'assit sur le siège qui lui était destiné. Encore sous le choc d'avoir quitté les siens, elle lutta contre les larmes qui lui montaient aux yeux, et s'empressa d'accepter le breuvage de bienvenue qu'une enfant lui tendait. A peine eût-elle porté le verre à ses lèvres, que l'Ancienne resurgit à ses côtés pour lui présenter sa « *Woudjou* », sa rivale, autrement dit la première épouse de Moustapha. Ce fut avec un sourire mutin que celle-ci lui adressa une série interminable de vœux et mots de bienvenue. Yacine avait malgré tout perçu une jalousie certaine.

Signe précurseur de l'atmosphère de compétition à venir, la jeune mariée comprit dès lors le sort qui l'attendait. Elle se devait de respecter à la lettre les règles de cohabitation sous peine de perturber l'équilibre familial. Elle devait s'intégrer le plus rapidement possible, et sans accroche dans cette famille déjà composée de quatre enfants, dont elle devrait d'ailleurs s'occuper, la moitié de la semaine, comme des siens. Dorénavant, tout ce qui appartiendrait à Yacine ne lui appartiendrait qu'à moitié : sa maison, son époux, sa vie, son bonheur.

Tous ces changements étaient brutaux et surtout soudains, sans oublier les tâches ménagères qui désormais lui incombaient. Yacine, malgré son jeune âge, devint en quelques heures une épouse, une rivale et une belle-mère : responsabilités lourdes à assumer pour une jeune fille d'à peine 15 ans ! Cela l'angoissait, mais pas autant que l'appréhension qu'elle éprouvait à l'idée de vivre et partager la couche avec son instituteur. Soucieuse cependant d'être une épouse exemplaire, appliquant au mieux les conseils proférés par les anciennes, elle décida de s'en remettre à la dictature de la tradition, et finit par donner le jour à mon frère Fallou un an plus tard, sa première contribution à l'édifice du clan Niang. Sans états d'âme, le premier-né alla vivre avec ses grands-parents pour alléger les lourdes tâches quotidiennes de la jeune maman. La proximité des deux foyers rendait cette séparation tolérable et ce fut par la suite que Yacine put se lancer de nouveau à la poursuite de ses études. Malgré la réticence de son époux, elle réussit à obtenir un diplôme en dactylographie. Lui n'en voyait pas l'intérêt et s'empressa de lui rappeler qu'elle ne pourrait pas travailler. C'était une décision unilatérale, car mon père décidait et ma mère devait s'incliner. Le murmure d'un quelconque désaccord était inconcevable puisque, par tradition, elle se devait d'être toujours d'accord.

Quatrième des dix enfants qu'aura ma mère, je suis né le 8 janvier 1978, au centre hospitalier régional de Kaolack. La grande famille de notre père comptera vingt-huit enfants au total, répartis presque équitablement entre trois épouses. A ma naissance, mon père avait des relations exceptionnellement bonnes avec Mam Thione, son beau-père et mon grand-père. Ce fut donc en hommage à ce dernier qu'il me prénomma "Thione". J'eus très tôt un soutien affectif assez avantageux au sein de la famille. J'étais l'homonyme de mon grand-père, et l'un de ses préférés. J'étais aussi le mari de ma grand-mère parce que me prénommant justement Thione, et maman m'appelait « Papa » pour les mêmes raisons. Grand-père était un tailleur respecté pour son goût et la justesse de ses coupes. Bien qu'il ne fût pas instruit, il était curieux d'apprendre et avait perfectionné son art en Côte d'Ivoire. A en croire maman ainsi que mes tantes, c'est à grand-père que je dois mon attrait pour les costumes bien coupés. Il aimait acheter des vêtements occidentaux en Gambie, pays voisin du Sénégal. A l'apogée de sa carrière, il comptait 9 machines à coudre et une douzaine d'apprentis. Il forma une grande génération de couturiers à Kaolack et dans les environs. Malheureusement, je ne connus pas cette époque faste.

En cours élémentaire, je fus un élève assidu et studieux. Les enseignants se faisaient le devoir de m'appliquer une rigueur parti-culière, mon père étant à présent Directeur de l'école. L'ascension de mon ambitieux père n'avait surpris personne : au-delà de l'enseignement, il désirait jouer un rôle parmi les siens, à Kaolack; c'était ce qui justifiait sa présence sur différents terrains politiques, particulièrement au sein du parti socialiste, dont il fut l'un des plus ardents militants. Petit, je le voyais jongler entre le poste de conseiller municipal et celui de directeur d'école. Impliqué, dévoué, toujours à l'écoute de l'autre, il se rendait disponible au cas où son aide serait sollicitée.

A cette époque, on ne faisait pas fortune en s'engageant en politique. A la maison, toute la famille s'entassait dans une maison modeste, abritant trois chambres de quelques mètres carrés chacune. Cette proximité physique entre nous n'atténuait en rien le climat permanent de conflit qui régnait entre les femmes et l'esprit de compétition entre les enfants. Notre mère, mes frères et moi étions accablés de toutes parts. Nos aînés, issus de la première épouse, régentaient la vie familiale en notre défaveur. Malgré le temps écoulé, le souvenir de certains jours reste vif: aujourd'hui, je me souviens encore d'une blessure particulièrement vive et profonde.

C'était la veille de la Tabaski, communément appelée la « fête du mouton ». Comme pour Noël, petits et grands s'affairent à l'approche des festivités. Le quartier entier était absorbé par les préparatifs: choisir le mouton, les décorations, les cadeaux, mais surtout des vêtements neufs pour toute la famille. Cela revêtait une importance capitale car « c'est avec des vêtements tout beaux, tout neufs que nous irons prier et commencerons la nouvelle année », disait ma mère. La maison était en effervescence depuis plusieurs semaines déjà. A cette occasion, chaque père de famille avait pour responsabilité et honneur de « sacrifier » le mouton que sa famille mangerait en ce jour festif. Ainsi, mon père s'était attelé à la tâche de trouver le meilleur mouton. Fort, grand, gras, le mouton qu'il avait choisi nourrirait notre maisonnée pendant plus d'une semaine. A en juger par le physique de la bête, cela me paraissait impossible: nous étions plus de 20! Mais je ne me risquais pas à le contredire et observais amusé l'attention que mon père vouait à cet animal lent et bruyant. La Woudjou de ma mère s'était accaparé un coin de la cuisine pour y installer une petite cantine contenant «sa» vaisselle. «*Les fleurs sur mes nouveaux bols vont donner une toute autre saveur à mes plats*» riait elle.

Au rythme des va-et-vient incessants des membres de la famille proche et lointaine et de nos voisins, notre petite maison était remplie de rires, de conversations, de débats mais aussi d'arômes, d'épices diverses, car les femmes s'affairaient en cuisine.

«*Les garçons! s'écria mon père. Allez dormir! Demain sera une longue journée: nous allons aller à la mosquée pour la prière de la Tabaski. Il faut vous reposer*». Impatient de découvrir les présents qui nous attendaient, je ne pus fermer l'œil de la nuit.

Ce matin-là, je m'étais réveillé à l'aube. Mon père allait sans doute m'offrir une tenue traditionnelle, mais du haut de mes douze ans, j'espérais secrètement recevoir un jean Levis... J'en avais touché mot à ma mère à plusieurs reprises, car ce fameux jean faisait un tabac au collège.

Je sortis du lit et me glissai sans bruit jusqu'à la pièce commune où nos cadeaux nous attendaient. Il faisait encore sombre dehors, et le vent soufflait doucement dans les arbres. J'entendais le bruit des feuilles qui frémissaient mais également autre chose. Je n'arrivais pas à discerner leur provenance, mais j'entendais des sanglots. Qui à part moi pouvait être réveillé à pareille heure? C'étaient des sanglots doux et étouffés, mais si lourds. Arrivé à la véranda, je discernai la silhouette de ma mère. Assise, seule, le dos courbé, elle se tenait la tête basse. Elle m'arrêta d'un murmure: «Tout va bien mon fils. Va dormir». Elle avait perçu mon désarroi. Incapable de rebrousser chemin, je m'accroupis à ses côtés, sans la regarder et lui demandai:

—*Maman! Pourquoi pleures-tu? Tu as mal?*

Elle hésita longtemps avant de répondre, et dit finalement d'une voix meurtrie :

— *Je n'ai rien à vous offrir, à tes frères et à toi. Vous n'aurez pas de nouveaux vêtements comme vos aînés. Vous n'aurez rien. Je n'ai rien à vous offrir. Ton jean encore moins.*

Je n'arrivais pas à voir son visage, mais je voyais de nombreuses larmes s'étaler au sol et y former une flaque. Quelle intense douleur j'éprouvais ! Aucune célébration, aucun habit, aucun rire n'auraient pu m'apporter joie et satisfaction face à la tristesse de ma maman.

— *Ce n'est pas grave, maman ! On peut porter les mêmes vêtements,* lui dis-je.

— *Mais une fois de plus, tes frères et leur mère vont se moquer de nous. Ils se moquent toujours de moi, j'en ai l'habitude. Mais qu'ils se moquent de vous et vous ridiculisent ? Je ne le supporterai plus davantage, Thione.*

— *Maman ! Ne t'inquiète pas. Peut-être que nous n'aurons rien de neuf pour nous vêtir, mais notre foi, notre humilité et notre respect de Dieu feront de nous les mieux parés."*

En effet, nous ne portions pas nos convictions sur nos épaules mais dans nos cœurs. Et si c'était le cas, ma mère allait revêtir la plus somptueuse tenue car, à mes yeux, elle incarnait amour, patience, et sacrifice. Elle était une reine, elle était ma reine. Pour le lui prouver, je lui fis une promesse.

— *Maman, dis-je, je te promets qu'un jour je t'achèterai des habits tout neufs pour toutes les fêtes de Tabaski à venir. Bonne fête à toi Maman.*

Ce fut à ce moment-là que j'assumais le poids de ma première décision, celui de ma première promesse. J'étais à présent en partie responsable du bonheur de ma maman. Dès lors, les rêves, les espérances et les besoins de ma mère étaient aussi de mon ressort.

Je me sentais d'autant plus responsable que mon père était débordé : directeur d'établissement le jour et politicien la nuit, il était extrêmement occupé et souvent absent. Inconscient de la pesanteur malsaine qui ne cessait de croître à la maison, il était déconnecté des réalités de notre quotidien, et ignorait que les hostilités entre les femmes du foyer n'avaient cessé de se multiplier.

Une autre anecdote me revient à l'esprit. Je me souviens d'un jour où ma mère s'échinait à cuisiner le dîner pour toute la famille. Les familles polygames s'organisent souvent par une division des tâches assez cohérente : chacune des femmes avait deux jours par semaine pour faire la cuisine et partager le lit conjugal. C'était donc le tour de maman. Et c'est ainsi que ma mère en vint à utiliser l'assiette d'une de ses rivales, sans sa permission, pour nous servir à manger. Je jouais au football, lorsque les cris de mes frères m'interpellèrent. Tout le quartier était accouru, alerté par les cris. A travers mes larmes, tout était devenu flou et la seule chose que j'arrivais à percevoir, était le corps de maman par terre. Tant bien que mal, la peur au ventre, je réussis à m'approcher pour la découvrir, dans une mare de sang, inerte à l'entrée de la cabane qui faisait office de cuisine. Terrifiant spectacle ! Elle venait d'être assommée d'un coup de barre de fer par la troisième épouse de mon père.

Tout jeune, je n'étais pas prêt à perdre ma mère. Etait-elle encore en vie ? Face à l'indignation générale et fuyant les risques de représailles, la fautive s'enfuit à toutes jambes de la maison. Ma mère respirait à peine et murmurait des phrases incompréhensibles. Par miracle, le mécanicien du quartier, le seul à disposer d'une voiture, put la conduire aux urgences pour recevoir des soins intensifs. Je courus derrière la voiture sur quelques centaines de mètres, jusqu'à ce que le véhicule disparaisse dans l'horizon. Et dans cet abîme de désespoir, je me demandai :

« *Qu'adviendra-t-il de ma maman ? Que ferais-je sans elle ? Et pourquoi tant de haine ?* »

Cet acte de violence me marqua et me révolta profondément, et me fis prendre, pour la deuxième fois de ma vie, une décision sans consulter aucun de mes parents. Je décidai d'aller vivre chez mon grand-père, où je serai en sécurité, en vue d'échapper à cette violence gratuite.

Après l'agression de ma mère, mon père resta sans réaction un moment, puis décida de se séparer de la responsable, sa troisième femme. Mais soucieux d'éviter d'exacerber la tension déjà vive au sein de la famille Niang, mon grand-père s'opposa à la décision de mon père et expliqua à ma mère que « *le bonheur de la femme dans un foyer passe aussi par des sentiers épineux* ». Au préalable, on prit soin de lui apprendre à subir sans riposter, à supporter tout ce que lui imposerait son conjoint. En retour elle jouirait d'un foyer paisible et ferait rejaillir la bénédiction paternelle sur sa progéniture.

Les occasions d'humilier ma mère ne manquaient pas. Tout était fait pour minimiser son rôle dans la famille. Par exemple, elle ne fut pas tenue au courant, lorsque mon jeune frère Afè fut circoncis. Agé de 13 ans, Afè célébrait un rite de passage car il devenait « homme ». C'était un événement joyeux où tout le monde, vêtu de blanc, célébrait l'instant unique où le circoncis devenait, ce jour durant, « un petit prince ». Source de grande appréhension pour la mère, c'était aussi et surtout un jour de fierté. Ma mère n'eut pas le privilège de participer aux préparatifs de cet important évènement. Elle ne fut qu'un témoin, une spectatrice. En effet, c'est en voyant Afè dans un cortège cérémonial d'enfants tous habillés de blanc, que ma mère comprit que ce moment unique dans la vie de son fils lui avait été dissimulé. Elle ne pouvait pourtant pas manifester un quelconque désaccord, car on aurait pu l'accuser de faillir à son devoir cardinal d'épouse : « agréer à tout ce que dit, décide et fait son conjoint » comme précise la devise. Ainsi, maman souffrait en silence tout comme elle aimait ses enfants, en silence.

Jusqu'à ce jour, ma mère ne m'a jamais dit qu'elle m'aimait, pourtant je sais qu'elle débordait dès lors d'amour pour moi, et que c'est toujours le cas aujourd'hui.

En Afrique, souvent, le sentiment d'amour entre parents et enfants s'exprime très peu. Même si j'étais très attaché à ma mère, j'allais principalement chez elle pour jouer au football avec mes frères. C'était au domicile de Grand-père que je me sentais véritablement chez moi. Chez lui, aucun climat de compétition comme chez mon père. De plus, pour la première fois, j'avais ma propre chambre. Je n'étais pas le seul à habiter avec Grand-père : mes cousins et cousines résidaient aussi dans la maison et il y faisait bon vivre. Traditionnellement, les Sénégalais se montrent fidèles aux liens du sang. Que pourrait-il naître d'un arbre sans racines si ce n'est un fruit à la saveur fade et amère ?

++++

Mes cousins avaient abandonné leurs études, parce que l'achat d'un simple stylo nous revenait trop cher. Nous ne bénéficions pas toujours de l'électricité : j'apprenais mes leçons à la lumière d'une bougie. Sinon, souvent, je devais apprendre mes leçons dès le retour de l'école et avant le coucher du soleil. Et lorsque ce dernier s'en allait trop vite, Grand-mère me réveillait au petit matin pour que je puisse réviser à la lumière du jour. Une autre difficulté se manifestait fréquemment concernant l'accès à l'eau : prendre la douche avec l'eau puisée chez les voisins était une véritable corvée. La toilette se terminait par le brossage des dents, non pas avec du dentifrice en tube, mais avec un astucieux mélange de sel et poudre de charbon, plus économique et plus accessible. Faute de moyens, nous étions créatifs !

++++

En écrivant ces lignes et en me repenchant sur cette période de mon enfance, je me dis combien il est important d'aider les jeunes à développer et cultiver, dès leur plus jeune âge, une faculté d'adaptation à leur environnement. Il me paraît également important de développer aussitôt que possible une capacité à se satisfaire de ce que l'on a, sous peine de voir une frustration grandissante envahir notre mental. Bien entendu il ne s'agit pas, pour autant, de s'interdire de rêver à des améliorations matérielles et d'ordre éducatif ni de se priver de toutes les opportunités d'enseignement qui se présentent à nous : une richesse acquise à jamais et inaliénable.

Sénégalais et Américain : double culture et double nationalité… Quels avantages !

En 2007 à Cleveland, par un matin de grand froid, sous une neige glaciale, je m'apprêtais à assister à la cérémonie de ma naturalisation. Un agent me pria de rendre ma carte verte, la fameuse Green Card, désormais vulgairement jetée dans une boîte en carton, parmi des centaines d'autres. Bouche bée, je contemplais toutes ces cartes, désormais dénuées de toute valeur. Ces cartes, à nos yeux, avaient été aussi précieuses que des diamants ; elles nous avaient permis, en tant que citoyens non-américains, de nous installer et de travailler légalement aux États-Unis sans avoir besoin de visa.

Chacun de nous obtint un ensemble de documents d'ordre symbolique : un drapeau américain, un exemplaire de l'»Almanach des citoyens», une copie des paroles de notre hymne national et une autre de la Déclaration d'Indépendance des Etats-Unis. Nous reçûmes aussi des documents civiques pour connaître nos droits et devoirs de citoyen américain ainsi que des infos pratiques, pour obtenir un nouveau passeport.

L'arrivée du juge qui devait diriger les prestations de serment marqua le véritable démarrage de la cérémonie.

Je me souviens du sourire sincère de la Pakistanaise assise à côté de moi. Devant, une femme à l'accent jamaïcain s'était retournée vers nous pour nous offrir également un large sourire agrémenté d'un clin d'œil de complicité. Il s'agissait d'un moment tellement attendu que nous nous sentions désormais liés dans notre joie, par le sentiment d'appartenance à la même nation, nous étions à présent devenus des compatriotes.

Le juge prononça un discours émouvant et édifiant. *"Présider cette cérémonie était"* disait-il, *"[sa] façon de participer à la promesse de l'Amérique, d'accueillir les gens d'où qu'ils viennent pour continuer à bâtir une société riche de sa multi culturalité"*. Il nous exhorta à travailler tous ensemble pour bâtir un pays meilleur, plus fort. Pour illustrer ses propos, le juge lut les noms de tous les pays dont les ressortissants seraient naturalisés. Chacun se levait lorsqu'on prononçait le nom de son pays d'origine. J'étais le seul Sénégalais ce jour là. Notre diversité faisait notre force.

Pour clore la procédure administrative, le juge nous invita à poser notre premier acte de citoyen américain : réciter le serment d'allégeance au drapeau américain. Nous étions environ 400 à prononcer à l'unisson le discours d'allégeance au drapeau. Je n'oublierai jamais les dimensions de ce drapeau aux couleurs vives : il était gigantesque ! Nous étions étreints par une vive émotion, celle d'appartenir à la même famille, l'Amérique. J'avais développé un profond sentiment d'amour et de patriotisme envers les Etats Unis, et cela avant même de devenir citoyen américain. J'avais toujours été fier d'habiter ce grand pays ; désormais, j allais en faire partie. J'avais attendu ce moment pendant toutes ces années… Le certificat de nationalité était la preuve incontestable que j'étais à présent citoyen américain. Et ce fut comme une œuvre d'art que je le contemplais : il ressemblait à un diplôme enjolivé par ma photo, mon nom en doré et le sceau des Etats-Unis figurant en bas à droite. Ce papier représentait pour la majorité d'entre nous, l'accomplissement, la fin d'un parcours et annonçait l'amorce d'un nouveau départ. C'était notre certificat de naissance en Amérique.

A l'extérieur de la salle, l'ambiance était à la fête. Les gens s'étreignaient, embrassaient leurs proches qui ne cessaient de prendre des photos. J'étais seul et j'observais, envieux, tous ces gens dont les familles étaient présentes pour partager cet instant. Je surveillais les alentours de toutes parts, les yeux pleins de larmes, espérant que l'un de mes proches me surprenne soudain en me tapant sur l'épaule.

J'aurais tant voulu que ma famille soit témoin de cet instant. Je pensai à mon défunt grand-père et combien il aurait été fier du parcours qui m'avait mené à ce jour. Je m'égarai aussi à penser aux ténèbres que ma mère avait traversées pour me maintenir à l'abri de la médiocrité et de l'échec. Enfin, j'eus un pincement au cœur pensant à mes fils avec une note particulière pour El-Hadji qui étant né aux Etats-Unis, n'aurait pas à connaître les nombreux combats que j'avais menés ; les sacrifices, la myriade d'obstacles que j'avais rencontrés sur ma route, les nuits blanches éclairées uniquement par une imperceptible lueur d'espoir. Je me sentais seul, mais j'étais heureux pensant à l'avenir plus radieux qu'auraient mes fils et au fait que mes descendants, par conséquent, contribueraient à bâtir l'Amérique ou le Sénégal, car libre serait leur choix. Mes enfants étaient à présent riches de deux cultures, deux patries : ils seraient en mesure de suivre leur rêves et d'aller à la recherche d'une vie encore meilleure. Je l'avais fait moi, pourquoi leur refuser ce droit ? Peut-être leurs rêves se réaliseront-ils aux Etats Unis, à Hong Kong, Dakar ou encore Sao Paulo ?

A l'occasion de mes voyages à travers le monde, on m'a souvent demandé ce que signifiait être un citoyen américain et ce que cela avait changé dans ma vie.

Je réponds toujours de manière détaillée, pour ne pas oublier mon parcours, célébrer mes origines et d'exprimer toute ma reconnaissance au pays qui a su m'adopter.

Etre citoyen de cette nation est pour moi un honneur et un privilège. Une quantité innombrable de personnes meurent chaque année en essayant de traverser les frontières pour entrer aux Etats-Unis. Des queues interminables d'individus se forment devant nos ambassades à travers le monde, afin d'obtenir un visa d'entrée ; le visa du rêve, celui de l'espoir. Beaucoup d'autres n'auront jamais l'opportunité de poser le pied sur le sol de cette grande nation et par conséquent ne connaîtront jamais le goût de la liberté et le son harmonieux que produit le chant de la démocratie. Et pour ceux qui auront trouvé les moyens de pénétrer aux Etats-Unis illégalement et qui travaillent d'arrache-pied jour et nuit dans le seul but de survivre, je sais qu'aucun d'entre eux ne se risquerait à tenter sa chance ailleurs dans le monde.

Cela dit, beaucoup d'Américains d'origine oublient parfois qu'ils vivent sur une terre bénie, fertile, où les opportunités abondent et s'offrent à tous.

Lorsque vous êtes citoyen américain, libre à vous d'écrire votre propre histoire. Cet idéal s'accorde avec la Constitution qui encourage à chercher le bonheur. Rien ne vous est donné, mais si la volonté est là, l'opportunité est également à portée de main à condition d'être prêt à se retrousser les manches.

Cette volonté, cette détermination étaient en moi, et l'Amérique avait rendu possible mon souhait. L'un des droits fondamentaux du citoyen américain est de développer ses talents, quels qu'ils soient.

Cette mosaïque de talents uniques et variés ont fait des Etats-Unis ce pays qu'il est aujourd'hui.

Les droits fondamentaux que prône la Constitution américaine s'illustrent dans "the Bill of Rights", autrement dit dans les dix premiers amendements qui constituent les principes fondateurs de ce grand pays. Pour en citer quelques-uns : la liberté d'expression, de religion, de la presse et le droit de réunion.

Je suis fier d'être à la fois sénégalais et citoyen américain et de jouir de principes auxquels j'ai toujours aspiré et pour lesquels j'ai beaucoup d'estime. Nous ne sommes pas toujours du même avis, mais nous avons le droit d'être en désaccord, non seulement avec nos amis et nos familles, mais aussi avec notre gouvernement et nos représentants au Congrès.

Aux Etats-Unis, je suis partie intégrante d'un pays qui m'a accepté en tant qu'individu avec ma contribution, et non en raisonnant par rapport à ma classe sociale ou la couleur de ma peau.

Me concernant, l'Amérique s'est révélé une véritable terre d'opportunités me permettant, en dépit de mes origines modestes, de poursuivre mes rêves sans aucune limite et de répondre ainsi aux attentes de ma communauté et surtout celles de ma famille. Ma jeunesse, ma condition sociale, mon passé, ma couleur de peau, mon manque d'expérience…tout ce qui aurait pu me nuire ailleurs a fait ma force aux Etats-Unis.

La très précieuse liberté d'une citoyenneté américaine représente un héritage qu'il est indispensable de préserver et respecter. Ne jamais s'avouer vaincu, ne jamais baisser les bras, ne jamais renoncer : car un homme libre dans sa tête peut accomplir l'impossible.

Libre, on peut finalement s'installer, s'ancrer, s'enraciner comme jamais auparavant. Dès cet instant, vous êtes le seul maître de votre avenir. Il vous appartient d'honorer vos engagements en matière de droits et responsabilités de citoyen. Libre à vous de rêver en grand ou petit format…c'est votre rêve et le vôtre uniquement.

A la recherche de ce rêve, je dus mener un incroyable combat de sueur et de larmes. C'est ainsi que l'adage « Rien de grand ne se fait dans ce monde sans peine, effort et difficulté » énoncé par le président Théodore Roosevelt, devint mon mantra.

"Accomplir quelque chose de grand", ambition noble et humaine, peut se faire, sans aucun interdit en Amérique. Et c'est rarement le cas ailleurs. Nous sommes très nombreux à partager cette ambition.

En revanche, je pense à ceux, cas extrêmes, qui prennent le risque d'immigrer de façon clandestine, vivant dans la crainte permanente de devoir quitter le pays, sans être sûrs de pouvoir retourner sur cette terre promise.

Aux Etats-Unis, être exilé malgré soi arrive trop souvent. J'ai encore en mémoire le sort de Maria, une ancienne collègue mexicaine du restaurant Chevy's. Un jour, elle reçut un coup de fil de sa ville natale. A peine avait-elle entamé la conversation que le combiné lui tomba de la main ; tremblante, pâle, elle s'effondra au sol et fondit en larmes. Ce fut la panique dans tout le restaurant. Maria était tout simplement inconsolable. Elle finit par expliquer que son jeune frère venait de lui annoncer le décès de sa maman. Quelques jours avant, Maria disait sa souffrance de ne pouvoir se rendre au chevet de sa mère gravement malade. En situation irrégulière, elle ne pouvait quitter le territoire américain, son départ aurait été définitif.

Emigrée aux Etats Unis huit ans plus tôt, elle avait trouvé un petit job pour subvenir à ses besoins mais aussi pour aider sa famille. En Amérique, elle s'était mariée et rêvait d'avoir un enfant. Mais cette vie "meilleure" ne vint pas sans sacrifices. Pendant tout ce temps, Maria n'avait pas pu revoir les siens, mais elle se contentait du peu qu'elle avait réussi à construire. Aujourd'hui que sa mère n'était plus, son seul désir était de tout quitter sur le champ. Quitter

Chevy's pour prendre le premier avion pour rejoindre les siens, voilà ce que son instinct lui dictait de faire Assister aux funérailles était le dernier hommage que Maria pouvait rendre à sa mère. Mais partir sans l'espoir de jamais retourner en Amérique n'était pas une option envisageable. Elle ne pouvait pas quitter le pays devenu le sien au fil du temps.

Les visages, les voix, les rires des siens n'étaient plus que lointains souvenirs. En quittant son pays, Maria les avait perdus et cela pour toujours. Pour elle, le rêve américain s'était transformé en un piège américain. L'idée de quitter les siens pour ne jamais plus les revoir me semblait effroyable.

Maria n'est qu'un cas parmi des milliers d'immigrés à vivre quotidiennement ce genre de drame. Des millions d'individus qui souhaiteraient régulariser leur situation pour pouvoir rentrer un jour dans leurs pays d'origine et retrouver les leurs.

++++

Au Sénégal, j'ai reçu la graine d'espoir que l'Amérique allait me permettre de faire germer. La source de la force qui avait jailli en moi, au Sénégal a trouvé son cours aux Etats-Unis : au sens propre, ma famille était donc sénégalo-américaine. Hybride, elle m'avait permis de devenir un homme responsable et adulte. J'avais la sensation à présent d'avoir deux parents qui veillaient sur moi, se préoccupant de mon bien-être et de mon avenir. Loin de m'être senti orphelin dans le passé, en ce jour je me sentais enrichi de la confiance que l'Amérique avait placée en moi. "Un peuple, un but, une foi" d'une part et de l'autre "En Dieu nous croyons", ces deux magnifiques devises sont aujourd'hui et à jamais miennes. Etrangement, je me dois d'avouer qu'elles avaient toujours résonné en moi, car dès mon plus jeune âge, Mam Thione avait insufflé en moi cette ligne d'action, cet idéal.

++++

C'est dans ce matin de grand froid, en Ohio, dans le bâtiment
fédéral Carl Stokes de Cleveland je devins citoyen des États-Unis
d'Amérique, avec beaucoup de plaisir et surtout, une immense fierté.

A 16 ans, je me suis retrouvé seul

Au long de mon adolescence, j'étais à mon aise dans mon
quartier, dans mon école et parmi mes camarades de classe. J'étais
considéré comme la star du football ! Il suffisait que le ballon touche
la pointe de ma vieille paire de baskets pour qu'une chorégraphie
athlétique s'en suive. Mon ballon était le prolongement de mes
membres : un coup de pied par-ci, une pirouette par-là, lancement
du ballon vers le haut pour un atterrissage « poitrine-genoux ».

Malgré ma modestie, un groupe continuellement croissant se
déplaçait pour me voir « footer » le ballon : au début, mes camarades
de classe, ensuite les fans de foot, et finalement les filles. J'avais
remarqué, pendant les entraînements, que ces dernières aimaient
s'asseoir à côté du terrain, mais sans jamais nous faire face. De loin,
je les entendais rire, je les voyais chuchoter. Au fil des mois, je connus
la plupart de leurs noms, même sans avoir échangé des mots ou
simples salutations avec elles.

Considéré comme « la vedette », je me devais d'être ouvert à
tout le monde : mon petit fan club était constitué essentiellement
de filles. Je dois avouer qu'il y avait une fille en particulier que je
trouvais très séduisante. Nommée Anta, elle était douce, calme, et
prévenante. Tous deux de nature réservée, nous nous découvrions
progressivement, sans nous hâter. On se voyait au moins deux fois
par semaine et cela durant toute une année. Issus de familles très

32

traditionnelles, pour nous, se tenir la main, échanger des baisers en public, ou même partir ensemble en week-end, étaient chose inimaginable.

Par un beau dimanche matin à Kaolack, comme à son habitude, mon grand-père, Mam Thione, se leva très tôt pour prendre place sur la véranda devant ma chambre. Je l'observais souvent, nimbé par l'intense soleil de la ville. Il pouvait y rester des heures, dans le silence absolu, à écouter la nature. Cet homme âgé de 78 ans paraissait être un ange, le rayonnement du soleil sur sa tenue blanche créait autour de lui une auréole aveuglante.

J'admirais Mam Thione : mon grand-père était mon sauveur, mon repère, mon guide, mais aussi ma source d'inspiration. Et ce fut dans ce moment de contemplation, que surgirent trois silhouettes, trois femmes vêtues de boubous colorés. Elles présentèrent leurs civilités ponctuées de salamalecs à Mam Thione, et prirent place. Jusqu'alors, il n'y avait rien d'inquiétant, hormis le fait que se trouvait, parmi ces trois femmes, une tante d'Anta.

Anta était ma copine et je tenais à elle ; cependant, nous n'étions pas éperdument épris l'un de l'autre. Une fois ! Une fois seulement, nous avions eu l'occasion de profiter d'une après-midi seuls, ensemble, une seule et petite fois en 1 an. Une fois, une première fois, cette seule fois qui fera en sorte que nos futurs soient à tout jamais liés.

« Anta est enceinte » déclara sa tante.

Dans la culture sénégalaise, ni le père, ni la mère ne vont en personne annoncer la grossesse de leur fille à la belle-famille. Cette mission incombe aux tantes. Et ce furent ces trois mots qui justifièrent mes craintes. Je compris que mon avenir allait prendre un nouveau tournant.

Anta, comme moi âgée de 16 ans, était enceinte. A l'annonce de la nouvelle, mon grand-père garda son sang-froid. Je ressentais un terrible sentiment de culpabilité. La culpabilité d'un traître, d'un meurtrier. Je venais de tuer l'espoir que mon grand-père plaçait en moi. Je venais de sacrifier mon avenir sur l'autel d'une grossesse précoce et inopportune. Dans un Sénégal soumis à l'intransigeance morale et religieuse, faire un enfant à une jeune fille, hors du cadre légal et religieux qu'était le mariage, représentait tout simplement un arrêt de mort.

« Dans 8 mois, commença la tante d'Anta, Thione sera papa. Dites-lui de se préparer. Durant toute cette période, il ne verra pas Anta. Il ne lui adressera pas la parole et il ne cherchera pas à rentrer en contact avec elle. Nous vous contacterons après la naissance du bébé. »

Elle prononça ces mots sans hésitation et en articulant très clairement. C'étaient les instructions à respecter ou plutôt la sentence qui venait s'ajouter au lourd poids de mon crime. Je n'avais jamais vu Mam Thione aussi déçu. Depuis ma naissance, il avait tout sacrifié pour moi. Il était le seul à me vouer une confiance quasi aveugle, le seul qui me prédestinait à un grand avenir. J'avais détruit, en l'espace d'un instant, l'estime qu'il avait pour moi. Cela faisait seize années qu'il avait investi sur ma personne, et voilà comment je l'en remerciais.

J'aurais voulu ne pas entendre l'insoutenable silence autour de lui, ce silence était en définitive le plus douloureux. J'aurais voulu disparaître, et ne pas avoir à croiser son regard. Je pensai à ma mère, aux critiques et railleries qu'elle subirait indubitablement de ses Woudjous ; et à Anta. J'allais mettre ses études entre parenthèses, son avenir en danger, et faire d'elle une fille-mère !

La grossesse d'Anta annonça la fin de l'espoir et de la foi en l'avenir dans lesquels nous vivions, Grand-père et moi. Nous vivions déjà dans la précarité. Comment subvenir aux besoins de l'être innocent qui venait changer le cours de ma vie ? Qu'avais-je donc fait ?

Des heures interminables passèrent, le silence régnait. Le moment que j'appréhendais le plus arriva. D'un pas rapide, à la cadence saccadée, ma mère franchit le seuil de chez Mam Thione. Elle s'arrêta net et me chercha du regard pour me voir debout, dans un coin du salon, triturant un bouton de ma chemisette.

Le regard larmoyant et interrogatif, elle s'approcha de moi et me supplia : « Dis-moi que ce n'est pas toi ! ».

Je venais de rendre plus inconfortable encore la situation de ma mère chez mon père. Je gardai le silence et elle éclata en sanglots.

Jusqu'à cet instant porteur de tous les espoirs de ma mère, à 16 ans seulement, je ne valais déjà plus rien. Mon père, mis dans la confidence, ne manifesta aucune émotion et resta de marbre.

Au quotidien, l'angoisse et le mal-être irradiaient de mon être entier : mon âme, mon cœur, mon esprit étaient meurtris. Aux yeux de mes camarades d'école, j'étais devenu infréquentable. Je n'étais plus la star du football, mais le malfrat que l'on méprisait.

Dans ma chute, je pensais toujours à Anta. Comment se portait-elle ? Me détestait-elle ? Je voulais lui demander pardon pour tout le mal que je lui avais causé. Les questions au sujet d'Anta ne cessaient de me hanter, m'empêchant de dormir, de manger, de vivre tout simplement.

Ma vie empira. Auparavant populaire, j'étais désormais traqué par mes camarades de classe. Du coup, je disparus totalement pour trouver un peu de répit et ne pas sombrer dans une dépression sans fin, pour ne pas me détester, pour ne pas mourir de chagrin.

Puis le bébé naquit et la tante d'Anta, comme prévu, me réquisitionna. Je me rendis chez elle pour rencontrer mon enfant pour la première fois, et enfin la revoir. Lorsque j'arrivai, apparut Anta, assise sur un sofa, portant mon enfant dans ses bras. M'approchant, je constatai que le tissu qui le couvrait était bleu. C'était un garçon. J'avais un fils ! Je souris à Anta, les yeux embués de larmes. Elle me tendit son bien le plus précieux. C'était incroyable! Il ressemblait à mon grand frère Fallou. Les yeux écarquillés, il me regardait calmement. Il avait été appelé Bassirou, que nous avons par la suite raccourci en Bass.

La vue de mon fils m'apaisa, fruit d'une innocente union entre deux jeunes adolescents découvrant la vie. Mon fils était une bénédiction. Il était mon enfant, ma responsabilité. Je me promis de m'atteler à l'honorer pour le restant de mes jours. Peut-être mes pairs me respecteraient-ils en retour? A ce moment-là, comment imaginer ce que serait le sort d'un garçon comme moi?

Mon choix à 20 ans: partir, ou accepter la fin de tout espoir

A 20 ans, au Sénégal, que faire après le bac? Mes interrogations étaient permanentes. Je me demandais quelle serait l'étape suivante. Je devais choisir entre l'université publique de Dakar et aller aux Etats-Unis, comme j'en rêvais. Peu importait mon choix, je devrais travailler dur. Mon père, informé de ma réussite au bac, avait réagi par l'indifférence qui le caractérise et précisa qu'il n'avait aucune intention de m'offrir des études supérieures. Des amis, déjà à l'université, me rapportaient souvent les conditions difficiles dans lesquelles ils devaient étudier au sein de l'établissement public. Certains, faute de banc dans l'amphithéâtre, s'asseyaient à même le sol. Pendant les cours, il leur était impossible de prendre des notes, car en l'absence de micro ils n'entendaient pas le professeur…

Sur les campus d'Afrique, les jeunes terminaient rarement leurs études sans être atteints d'ulcère, ayant des difficultés à se nourrir. Les bus de transport estudiantins, plus souvent au garage que sur le campus, les obligeaient à marcher. Les plus brillants bacheliers obtenaient des bourses qui variaient de 35 à 50 dollars. Le nombre de bénéficiaires de cette bourse ne dépassaient pas les 20%. Même s'ils devraient jouer à l'équilibriste avec ces maigres ressources, ils préféraient faire le tour des facultés, afin de rester le plus longtemps possible sur le campus et bénéficier ainsi de leur bourse. C'était un cocon de survie, surtout pour ceux qui bénéficiaient de logement. Ceci leur évitait d'affronter les dures réalités liées au marché de l'emploi, au logement et à la prise de responsabilités à travers la création d'une famille. Ils devenaient des étudiants professionnels. Et lorsque la bourse tardait à venir, ou que la cuisine était trop mauvaise au restaurant universitaire, il se créait toujours un mouvement de solidarité entre tous les étudiants. Ils se mettaient en grève. Légitime parfois, cela ouvrait souvent la porte à toutes sortes de dérives. Ils gravaient des insultes sur les murs, boycottaient les cours, bloquaient les issues de l'université, brûlaient les pneus….c'était une situation déplorable et chaotique.

Cette réalité se confirme chaque jour dans bon nombre de pays africains. Et on s'étonne encore qu'il n'y ait pas une adéquation entre les besoins du marché de l'emploi et la formation dispensée aux étudiants… En effet, les besoins des jeunes figurent trop souvent en queue des priorités de nos gouvernements, au risque de transformer l'université en un haut lieu de débrouillardise et d'improvisation.

Entre ça et l'inconnu, le choix était fait. Mon rêve d'Amérique m'obnubilait. C'était une aspiration irrésistible. L'Amérique, à tout prix !

2006, une rencontre décisive : Barack Obama

Ce fut grâce à Shirley Smith, députée démocrate de l'Ohio, dont je fus le directeur de campagne en 2006, que je fis l'une des rencontres les plus importantes de ma vie politique. Elle me fit venir à Columbus, la capitale administrative de l'Ohio, pour une réunion à laquelle le sénateur de l'Illinois Barack Obama avait été convié.

Invité d'honneur, le jeune sénateur s'était joint à tous les leaders démocrates pour apporter son soutien au parti et au gouverneur Ted Strickland dans ses efforts de levée de fonds. C'était mon premier grand rendez-vous avec les démocrates. Shirley était la directrice du Black Caucus, qui regroupait les députés et sénateurs noirs d'Ohio. Lorsque le sénateur Obama arriva, Shirley Smith le présenta à l'assemblée d'une quarantaine de députés et de sénateurs. Nous n'étions que trois à ne pas être des élus. C'était grisant d'être parmi ceux qui avaient exercé un aussi grand pouvoir de décision au sein du parti, sans parler de l'émotion que j'ai ressentie à voir Barack Obama en chair et en os.

Shirley Smith prit le micro, le présenta et dit avec conviction : « Barack, tu seras le prochain président des États-Unis d'Amérique ». Comme le sénateur Obama n'avait pas déclaré sa candidature pour les élections primaires, son visage marqua la surprise. Je ne saurais dire si son étonnement était feint ou sincère, mais Obama me parut cependant troublé. Il prit le micro à Shirley et lui dit calmement : « Ne dis pas ce genre de choses. La présidentielle ne m'intéresse pas ». Mais Shirley faisait confiance à son 6e sens et n'en démordait pas : « Thione, cet homme sera président. Il faut que tu te présentes à lui ! ». Shirley Smith avait toujours été quelqu'un de direct. Contrairement à d'autres, cela me paraissait être un atout.

Le sénateur se prêta aux traditionnelles séances de photos et de dédicaces pour son livre intitulé « The Audacity of Hope ». C'était quelqu'un de très chaleureux, et je compris alors que cet homme deviendrait en effet le prochain président des États-Unis. Je fus particulièrement impressionné par la simplicité et l'attention sincères avec laquelle il conversait avec chacun de ses interlocuteurs. Obama entretenait avec classe et éloquence le mystère qui régnait autour de sa probable candidature. C'était une véritable star au sein du parti.

Après Shirley Smith, c'était mon tour de faire une photo avec lui. Je lui serrai la main.

« Comment vous appelez vous ? » me demanda-t-il.

Je lui répondis. Au moment de dédicacer ma copie de son livre, il écorcha mon nom et écrit « Sean » au lieu de Thione.

— « Monsieur le Sénateur, c'est Thione, T-h-i-o-n-e, pas Sean. »

— « Pardon. Votre prénom est spécial, votre accent aussi. Vous êtes originaire d'où ? »

— « Du Sénégal, en Afrique. »

— « Mon père est africain aussi, du Kenya. »

— « Bien sûr, je sais. J'ai lu votre livre ! »

Il sourit puis engagea la conversation sur l'objet de ma présence à la levée de fonds. J'y étais en qualité de directeur de campagne sénatoriale de Shirley Smith. Après une photo et une accolade, il me dit : « N'oublie jamais d'où tu viens. Continue d'être utile à ton pays d'origine ». Et à ces mots, il me serra la main et s'éloigna pour rejoindre d'autres sénateurs. J'étais incroyablement inspiré par le fait que ce jeune sénateur, autour de qui tout le monde se pressait, avait lui aussi l'Afrique dans les veines. Cela m'insuffla de la confiance, et me montra que j'étais moi aussi capable de faire une différence et de contribuer positivement aux questions qui me tenaient à cœur ; non seulement en Ohio, mais aussi nationalement et internationalement.

Quelques mois plus tard, ce fut avec enthousiasme que j'appris que le sénateur Barack Obama annoncerait officiellement sa candidature à Springfield, en Illinois, en février 2007. Je compris vite que ce moment resterait historique pour l'Amérique et pour le monde, et pris donc mon billet pour Springfield ; en effet, je me devais de « vérifier » ce qu'Obama m'inspirait, je me devais de mieux connaître le candidat en qui j'avais foi. Son discours fut brillant. Il nous confia sa préoccupation pour l'Amérique qui selon lui « devait se redresser avec honneur », et ajouta que c'était le poids de cette préoccupation qui l'avait poussé à se lancer dans la course électorale. Je reste convaincu qu'aucun de nous n'est reparti de Springfield sans la certitude absolue qu'Obama était l'homme dont notre pays avait besoin.

De retour à Cleveland, je me suis organisé avec des amis qui souhaitaient aider Obama à conquérir la Maison-Blanche. Sous notre égide, une levée de fonds se tint dès le 26 février 2007 au Marriott Hôtel, en présence de Barack Obama, quelques jours seulement après sa déclaration à Springfield. Nous avons organisé une parade sur le campus de l'université de Cuyahoga County de Cleveland. 5 000 personnes seulement étaient présentes, contrairement au dernier meeting d'Obama à Cleveland, 2 jours avant les élections présidentielles, qui comptera 75 000 personnes.

J'eus le privilège de conduire Obama et son assistant, Régie Love, dans ma voiture, au cours des différents trajets de cette journée. Nos échanges me renforcèrent dans ma conviction d'une victoire d'Obama aux élections présidentielles. C'était bien lui qu'il fallait pour les Etats-Unis ! A partir de ce moment mon soutien à sa candidature et à sa personne furent complets. Je garde de cette journée un souvenir riche et passionnant.

J'eus également l'honneur d'être celui qui fit l'ouverture d'Obama pour ce dernier discours à Cleveland. Pour beaucoup des participants, cela semblait impossible qu'il soit le candidat officiel du Parti Démocrate, quand je l'avais fait venir, 18 mois auparavant, juste après l'annonce de sa candidature officielle.

++++

La conquête des suffrages pour les primaires démocrates dans l'Ohio était organisée avec minutie dans chaque état-major. C'est là que je pris pleinement conscience du caractère stratégique de l'Ohio. C'était un état particulier dans la mesure où aucun républicain n'avait jamais pu remporter la Maison Blanche sans le vote de l'Ohio. J'étais donc dans un Etat très convoité! J'étais tout aussi étonné d'entendre les plus pessimistes me dire que soutenir Obama était le plus sûr moyen de briser mon avenir en politique.

Peu après, je me rendis à Chicago pour participer à une initiative dénommée «le Camp Obama», mélange d'université de pré-campagne et de session de formation. Grâce à elle, nous connaissions mieux Obama, sa vision, ses idées, ses atouts, ainsi que ses faiblesses. On se pencha également sur la psychologie des électeurs, les pièges des journalistes... Ceci nous incita à faire la différence dans l'Iowa, premier état désigné pour le déroulement des primaires. Pour Obama, une victoire dans l'Iowa aurait un effet de domino sur les autres états. Dans la nuit du 3 janvier 2008, les résultats de l'Iowa furent proclamés. Obama arrivait en tête! Le discours qu'il prononça déclencha un sursaut de confiance, un encouragement à ses militants, en partie grâce au fameux «Yes we can!» Connu de tous, ce slogan marqua toute la campagne.

Je participais très activement à la campagne, en tant que staff community organizer et président des jeunes démocrates de Cuyahoga County, puis arriva enfin le jour de la victoire d'Obama, élu 44ᵉ président des Etats-Unis.

2009 : un projet passionnant

Au lendemain de son investiture à la présidence, en janvier 2009, Barack Obama réunit tout son staff de campagne, sans distinction de catégories socioprofessionnelles. Toute l'équipe ayant travaillé sur cette campagne était ainsi conviée à un bal.

Le Président attira notre attention sur toute l'énergie que nous avions investie dans cette campagne, et nous parla de la nécessité d'en faire une source de progrès pour la société. Il nous exhorta à ne pas laisser s'éteindre cette flamme qui nous avait animés et portés durant toute la campagne.

« Ne laissez pas mourir cette énergie », nous exhorta-t-il. « Ma victoire est la preuve incontestable que votre énergie est en fin de compte « palpable ». J'ai été élu contre toute attente. Nous avons montré au monde entier que nous pouvions le faire. Préservez cette flamme qui existe en chacun de vous. Vous êtes capables de faire tout ce dont vous avez toujours rêvé. Ne laissez pas cette énergie mourir, cette flamme s'éteindre », continua-t-il. Suggérant différentes pistes d'action, il nous proposa de servir à ses côtés à Washington afin de tenir notre promesse, ou bien d'aller servir au sein de nos communautés, ou, pourquoi pas… de servir dans le monde et partager une part de cette formidable énergie pour accompagner des milliers de gens dans leur marche vers un futur prospère et fructueux. Sans connotation politique, ce message était universel. Sa dernière suggestion m'inspira et je réalisai que c'était ce que j'avais envie de faire. Il me parut envisageable et essentiel de mettre ma vie au service d'idées innovantes. Ainsi, comme l'avait démontré Lavoisier, rien ne se perd, rien ne se crée, tout se transforme. L'énergie employée pendant la bataille électorale ne se dissiperait pas, mais prendrait une autre forme.

À partir de ce moment, je débordai d'inspiration. Je me souvins de mon départ difficile dans la vie à Kaolack, alors qu'à présent j'étais dans la même pièce que l'homme le plus puissant du monde. Je réalisai ainsi ma chance d'être là et nourris l'ambition d'aider d'autres jeunes du monde à réaliser leurs rêves. Mais pour cela, ils se devaient de porter, de respecter leurs rêves, s'engager, puis aller de l'avant. C'est ainsi que naquit

Give1Project, le soir de cette lumineuse collaboration avec Barack Obama. Ces instants et tout ce qu'ils m'ont inspiré par la suite, je ne les ai jamais oubliés.

Deuxième partie

A vous de jouer !

Le bac à tout prix – Nous sommes le principal architecte de notre vie

L'examen du baccalauréat dans les pays francophones d'Afrique valide la fin du cycle secondaire d'études générales. Pas de bac, pas d'université. Dans l'imaginaire collectif, aucun avenir de cadre ne peut se construire sans. Echouer au bac signifie généralement échouer dans la vie. Véritable rite de passage, le bac est sacré et porte une valeur sociale qui estampille « jeune qui a de l'avenir. Depuis les premiers pas à la maternelle, l'objectif a toujours été unique chez tous les parents : le bac !

Au lycée à Dakar, je fus un bon président pour le club d'anglais, au point d'être reconduit l'année suivante, alors que j'étais en terminale, l'année du bac. Un événement vint affaiblir mon équilibre déjà précaire. Mon frère Fallou, mon unique soutien matériel, perdit son emploi à la station-service, mis au chômage technique à deux mois du baccalauréat. A moi l'énergie du désespoir, je me suis accroché et l'ai passé.

45

Je vivais une immense pression de toutes parts. De la fratrie de vingt huit enfants dont je suis issu, je serais le premier à obtenir ce diplôme si j'étais déclaré admis.

Deux jours après la fin des examens, arriva le jour décisif des résultats. Je m'y étais rendu avec Fallou. Depuis toujours, il était mon compagnon de lutte. Autant qu'un frère, il était aussi un grand ami, qui ne me jugeait pas. En attendant les résultats, nous parlions de la situation de maman à Kaolack. Du climat conflictuel qu'elle affrontait, de la précarité qui régnait à la maison, de ce que nous pouvions faire. Fallou me dit avec un sourire que j'aurais le bac et que ce serait un moment historique puisque je serais le premier dans ce cas parmi les membres de ma famille. Tentant de me remonter le moral, il ajouta « Tu seras un grand et tu pourras aider maman ».

Allais-je être un raté comme l'avait prédit mon père, ou bien allais-je franchir le cap du baccalauréat, ce qui m'autorisait à rêver de l'Amérique et de l'avenir ?

Je fus admis après une dernière épreuve orale. Quel soulagement ! Quel espoir aussi !

Quand il n'y a pas ou plus d'opportunités, il faut savoir en créer

L'année de mes 16 ans, à l'annonce de ma future paternité, le KO social et psychologique que j'endurais à Kaolack préoccupait mon grand père, Mam Thione. Voyant mes larmes, il me proposa d'aller à Dakar chez Mam Khady, sa sœur. Il m'envoya emprunter 2 dollars pour acheter mon ticket de bus en direction de la capitale. En présence de ma mère et ma grand-mère, il me fit asseoir pour me bénir, des sanglots dans la voix. Les propos de Mam Thione et la tristesse de le quitter inhibèrent toutes mes forces. Le sachet en plastique dans lequel j'avais rangé mes affaires glissa de mes mains et

s'éventra. Il m'aurait fallu un sac de voyage, mais je n'en avais pas…
S'adressant à moi, les yeux inondés de larmes, une esquisse de sourire
pour me rassurer, il articula tant bien que mal :

*« Assieds-toi Thione, assieds-toi que je te parle : n'oublie jamais les
difficultés que vit ta maman. Elle compte énormément sur toi. Te savoir
si loin d'elle est un énorme sacrifice, ainsi tu devras te rendre utile par
le travail. Tu as le devoir et le pouvoir de changer les conditions de vie
de ta famille. J'ai foi en toi, je sais que tu le feras ».*

Je quittai Kaolack et ses scènes suintantes de misère, ses foules
hétéroclites, ses enfants en haillons… Je quittai cette ville chère à
mon cœur, triste de laisser ceux que j'aimais, mais aussi heureux
de m'ouvrir à d'autres horizons. J'allais à Dakar. A 16 ans à peine,
j'avais déjà besoin d'une nouvelle vie. A Dakar, au moins je ne serais
pas jugé pour mes erreurs. Mon intention était d'étudier avec une
assiduité monacale. Je réaliserais les rêves de mon grand-père, et
mes rêves.

Sur le bus, comme souvent au Sénégal, le propriétaire du
véhicule se fait toujours un devoir d'inscrire une phrase qui reflète
ses convictions. Celle que portait ce bus alluma une étincelle en
moi : « Quand il est dur d'avancer, ce sont les durs qui avancent »,
signé John Fitzgerald Kennedy. Cette citation m'interpella de
manière inattendue et surtout me conforta dans ma décision de
quitter les miens. Pour moi, il était dur d'avancer. Je voulais avancer
et je voulais moi aussi être un dur. C'était certainement un signe !
Cela signifiait qu'il existait une lumière au bout du tunnel.

Parfois, il faut oser aller loin, jusqu'à quitter sa ville natale, voire son pays

Mon départ pour Dakar était également motivé par l'espoir que
suscitait ma participation au concours de bourses du lycée japonais

de formation technique. Les élèves admis suivaient une formation de trois ans à Dakar, et pouvaient ensuite obtenir un diplôme pour suivre le cycle suivant au Japon. Le Japon ? Pourquoi pas ? Son dynamisme économique incontestable pouvait, me disais-je, me permettre de trouver un emploi valorisant en vue de m'occuper de ma mère. Ma motivation n'allait pas plus loin. Partir, parce que pour moi, comme pour des millions de jeunes Africains, partir est synonyme de réussite.

J'avais passé le concours à Kaolack 3 mois plus tôt. Retenu parmi les bénéficiaires de la bourse, c'est d'un pas sûr et insouciant que j'allais rencontrer un responsable du lycée japonais. Ce dernier me confirma la nouvelle sans grand enthousiasme et avec un léger malaise. Je compris ensuite que ma bourse avait été attribuée à une autre personne, compte-tenu de mon arrivée tardive. Je voulus contester, expliquer que je n'avais pas reçu leur correspondances, que je n'étais pas fautif de ce retard, et que cette place me revenait, mais rien n'y fit.

Ce jour-là, sous le soleil caniculaire de Dakar, j'avais froid. Et malgré l'aveuglante lumière qui rayonne partout, pour moi il faisait sombre. Pour moi, l'horizon n'était plus perceptible, mes rêves japonais s'effondraient, on m'obligerait à retourner à Kaolack.... Ce serait de nouveau un K.O : cette pensée m'anéantissait, mais je ne pouvais me laisser abattre. Reprendre le chemin vers Kaolack signifiait que je mettais une croix sur mon avenir, sur celui de ma mère, d'Anta, ainsi que de mon fils qui n'avait pas demandé à naître. Je n'avais d'ailleurs pris aucune disposition d'inscription ni à mon ancien lycée de Kaolack, ni à Dakar. De toute façon, même si une place était disponible, je savais pertinemment que je n'avais pas ni les moyens ni le soutien nécessaire pour poursuivre mes études.

Une de mes tantes maternelles habitait elle aussi à Dakar. A l'annonce de mon arrivée en ville, elle avait d'emblée refuser de m'héberger. Elle s'était rangée aux côtés de ceux qui me dénigraient à cause de ma conversion confrérique. Elle se moquait de moi, et son époux relayait la campagne de diffamation jadis commencée par mon père en racontant à qui voulait l'entendre que «j'étais un enfant maudit». C'est dire que tous deux n'envisageaient guère que mon avenir soit glorieux. Elle avait refusé d'être là pour moi quand j'avais besoin d'elle. Et lorsque je n'en eus pas besoin, elle apparut. Elle penchait pour l'option retour à Kaolack. Ma mère respectant son opinion, l'avis de ma tante pourrait sonner le glas de mes aspirations citadines. Elle confirma mes craintes, lorsqu'elle argua auprès de ma mère que je risquais de rejoindre des gangs mafieux à Dakar et devenir un délinquant si je ne retournais pas à Kaolack.

J'écrivis une lettre à ma mère afin de lui préciser la noblesse de mes intentions. La forme écrite revêtait une charge affective dont était dépourvue la parole. Et je sus utiliser des mots rassurants.

J'organisais un lobbying pour renforcer ma démarche et reçus ainsi le soutien de mon oncle Pap Diop (fils de Mam Khady, la sœur de mon grand-père), en plus de celui de mon frère aîné Fallou. Les deux intervinrent auprès de ma mère pour la convaincre de ma bonne foi et de mon profond désir d'aller de l'avant et de l'honorer en réussissant. Fallou, pompiste dans une station-service, gagnait à peine 90 dollars par mois ; cependant il s'engagea auprès de maman à m'inscrire dans un lycée à Dakar afin de me permettre de poursuivre mes études.

Mam Khady habitait une maison sénégalaise typique. Les appartements s'y font face et chacun de sa chambre peut deviner les scènes de ménage chez le voisin. Cette architecture incarne le mode de vie sénégalais, rythmé par les grands rassemblements autour d'assiettes de *mafé,* où toute la maisonnée plonge sa main. On vit dans le même périmètre, on mange dans la même assiette, et chacun y va de ses ruses pour survivre. Chez Mam Khady, on m'attribua une pièce destinée auparavant à servir de débarras, seul endroit viable disponible. Pour ma taille d'adolescent, c'était le minimum nécessaire en termes de surface : un mètre et demi sur deux. Donc trois mètres carrés, pour ranger mes vêtements, ou ce qui en tenait lieu, et trouver également la place pour y dormir et y vivre. Y vivre…Vous imaginez ? Mes rêves et le brillant avenir que je m'inventais résistaient dans ma tête. Mes journées dans ma chambre de nouveau citadin étaient très chaudes et enfumées, au sens propre du terme. Le couple guinéen dont la chambre faisait face à la mienne, attisait en permanence son foyer situé à l'entrée. Ils alternaient ainsi sous mes yeux et mon nez, plats sénégalais et guinéens. Et une fois régalés de leurs petits plats, il leur fallait chauffer du thé comme il est de coutume au Sénégal. Ainsi je vivais en permanence dans une atmosphère chaude, enfumée mais parfumée de divers assaisonnements culinaires.

L'année scolaire avait démarré depuis plus d'un mois et il n'était pas évident de trouver de la place à la dernière minute dans une classe de seconde. Au lycée Lamine Gueye où j'étais allé solliciter une inscription, l'assistant du proviseur me fit comprendre sans tarder qu'il ne restait aucune place et que faire des salamalecs ne servirait à rien.

Ma mère payait déjà le prix fort au sein de la famille, et voilà que j'allais devenir un jeune déscolarisé faute de place au lycée. Aujourd'hui, lorsque j'observe la jeunesse de différents pays, je constate que faire face au désespoir occasionne parfois des suicides ; je me réjouis de ne pas en être arrivé là. En Afrique nous cultivons un état d'esprit qui pousse à envisager plusieurs solutions face à un problème, avant de s'avouer vaincu, avant que le poison de la douleur et du désespoir ne nous paralyse et nous accule à lentement se laisser mourir. Mourir de chagrin, de peine, de solitude…

Le suicide n'est pas un choix, mais un acte inconscient posé dans un moment de vulnérabilité et dicté par le simple désir de mettre fin à sa souffrance. J'estimais être chanceux d'avoir cette humble vision du monde, prônant que «la précarité valait mieux que la mort». Quand je pense à ces milliers de jeunes qui se suicident chaque année face à des difficultés économiques ou autres, cela m'attriste vraiment. Au fil du temps, peut-être auraient ils pu percevoir une petite lueur au bout du tunnel.

Dans le quartier de Médina, chez Mam Khady, les jours s'écoulaient. Les cartes de mon destin étaient rebattues et il me fallait un as pour sortir de cette impasse… Dans l'attente de jours meilleurs, j'occupais mon temps le mieux possible pour surmonter la déprime. Tous les matins, je marchais du quartier Médina jusqu'au centre culturel français de Dakar, soit trois kilomètres environ. J'ai ainsi acquis une belle culture de la littérature africaine au cours de ces semaines de désœuvrement. Chaque jour je devais rentrer vers midi parce qu'on mangeait tous au même moment, réunis ensemble autour d'une seule et grande assiette. Et tant pis pour vous si vous n'étiez pas à la maison à l'heure précise, personne ne vous attendait et l'on déjeunait sans vous. Pour éviter l'aller-retour, je restais en ville et ne mangeais que le soir.

Si je marchais, ce n'était ni pour le loisir de découvrir la ville, ni pour les vertus sportives de la marche à pied. Je ne pouvais tout simplement pas m'offrir le luxe des transports en commun. Le «car rapide», moyen de transport le moins cher coûtait 10 centimes. 10 centimes dont je ne disposais pas. Cette situation dura pratiquement 2 mois.

Rares sont les peuples capables de s'approprier aussi bien le sens du verbe «partir». Le peuple sénégalais fait partie de ce petit groupe. Je ne mets aucune ironie dans le fait de dire que les immigrés sont l'une des principales sources d'exportation du Sénégal. Vaillants, ambitieux, rêveurs ou dans l'illusion la plus totale, les Sénégalais partent à l'aventure et misent tout ce qu'ils possèdent sur le seul et unique numéro qu'ils pensent gagnant : l'immigration. Comme à tous les jeux de hasard, certains perdent et d'autres, les plus chanceux, gagnent ; d'abord en arrivant sur les terres de leur rêve, ensuite en gagnant de l'argent qu'ils envoient chez eux.

La plupart du temps, les jeunes qui décident de partir ont pour devise « *Barça ou barsakh* », le premier mot est une abréviation du nom de la ville de Barcelone, en Espagne, pendant un certain temps l'une des destinations favorites des immigrés clandestins du Sénégal ; et le deuxième signifie « *enfer* » dans la langue wolof. En d'autres termes, il n'existe pour eux qu'une seule alternative : le départ ou l'enfer. Ce choix prend tout son sens lorsque l'on réalise que celui qui part, ne part pas que pour lui. En effet, il est sensibilisé dès son jeune âge à la mission qui incombe au garçon d'emblée désigné comme étant le responsable du bien-être de sa famille.

Il est celui qui ira à la poursuite d'un meilleur avenir pour les siens. Celui qui ira saisir une véritable opportunité, une chance d'être heureux. Ce n'est pas véritablement un choix, c'est une obligation muette, une lourde responsabilité qui incombe au jeune homme. Au fil du temps, cette dite responsabilité se fait plus pesante, plus angoissante, plus pressante. Il part pour son père, pour sa mère, pour ses frères, et pour ses sœurs. Il part par devoir, par volonté de se rendre serviable, par désir de contribuer au bonheur des siens. C'est pour cela que certains, aveuglés par la promesse d'un lendemain meilleur, trouvent la mort avant d'atteindre leur destination. Ils ne mesurent pas les risques auxquels ils s'exposent et se lancent en pirogue, dans la soute d'un avion, entre les roues d'un camion ; peu importe le moyen de transport, l'essentiel pour eux est de partir. Partir pour ne plus revenir. Partir à tout prix, car ils ne voient pas d'autres options. Ils partent, pariant gros, et se fiant à la formule qui dit : « *plus les risques sont élevés, plus grands et plus gratifiants seront les résultats.*

Au Sénégal, trois opportunités s'offrent aux jeunes. La première : ceux qui partent et se sacrifient, sachant qu'ils ont tout à perdre mais aussi tout à gagner ; parfois la chance leur sourit, parfois ce n'est malheureusement pas le cas. La deuxième : ceux qui décident volontairement de rester pour se battre, en espérant un jour s'en sortir. Ce groupe compte de nombreux cas de réussite obtenue à la seule force du poignet. Ils donnent tort à la plupart d'entre nous qui, pendant longtemps, avions pensé que partir était la seule solution pour réussir. Peut-être avaient-ils plus à perdre ; peut-être avaient-ils tout simplement un soutien plus large et plus consistant. Peu importait leur décision, elle ne relevait pas du courage, mais plutôt d'une différence de conditions économiques et sociales. Cela était dû à l'image que nous avions de nous-mêmes, de notre condition, et de notre détermination. Troisième opportunité : ceux qui restent pour « faire mousser le thé » comme on dit, inactifs du matin au soir, sans se soucier des tâches plus valorisantes. Ceux-là étaient pour la plupart très tôt déscolarisés, et aucun sermon sur le sens de l'effort ne les touchait. En revanche, ils restaient imbattables pour faire du bon thé... Et s'ils pouvaient rester oisifs toute la journée sans s'inquiéter des factures qui s'empilaient, c'était parce qu'ils étaient certains que ceux qui étaient partis à l'étranger leur enverraient de quoi régler tous leurs problèmes financiers.

++++

Au moment où je me suis posé la question fatidique « partir ou rester ? », j'avais déjà la réponse. Au sein de la famille, il n'y avait pas que moi. Mon frère Fallou avait entamé les procédures d'immigration, et obtenu son visa pour l'Italie. Son départ était

53

certain et proche. Nous avions tous deux le même objectif : partir pour un meilleur avenir. A deux, nous doublions nos chances de réussite. Nous étions une fois de plus liés par une mission qui consistait à veiller au bien-être de notre famille. Nous formions une équipe soudée par notre complicité de toujours, mais surtout par cette flamme que nous avions en nous : le désir de changer le cours de nos vies.

Son parcours était aussi planifié que le mien était impalpable. Je lui avais donc demandé de m'emmener prendre conseil auprès d'un aîné de Kaolack qui avait l'expérience des Etats-Unis. Il était descendu au plus bel hôtel de Dakar. L'endroit était si beau, que nous nous sentions totalement dépaysés. Tout paraissait neuf, tout brillait. La première chose frappante fut la climatisation, source d'une fraîcheur qui nous fit un bien indicible. Une fraîcheur porteuse d'un présage positif, émigrer aux USA étant synonyme de succès.

Curieux, excités, parcourant du regard l'immensité du lobby, nous nous étions annoncés à la réception. Le personnel demeurait courtois et aimable malgré notre tenue vestimentaire en total décalage avec le code vestimentaire de la clientèle habituelle. Cela ne nous troublait pas le moins du monde. Nous étions nobles d'humilité, forts de volonté, et riches d'espoir. Fallou allait en Italie, et moi, fraîchement bachelier, j'étais prêt à me rendre aux Etats-Unis.

Pour nous rendre au huitième étage, il fallait prendre les ascenseurs situés après le lobby. C'était la première fois que lui et moi montions dans cette étrange machine. C'était exaltant et amusant. Une petite sonnerie avait retenti, les portes s'étaient ouvertes puis refermées sur nous. J'appuyai sur le bouton 8, aussitôt la sonnerie retentit à nouveau, et nous fûmes lancés vers le haut. Je pensais à la symbolique, au message caché dans cette ascension. Fallou était beaucoup moins enthousiaste. Il ne faisait que m'accompagner après tout. Au moment où je m'apprêtais à lui faire part du sentiment que je ressentais, l'ascenseur s'arrêta. Tous deux très inquiets, nous nous regardions fixement, sans mot dire. Sans respirer d'abord car, inconsciemment, nous pensions peut-être nous alléger.

Fallou me rappela aussitôt son hésitation ressentie avant de décider de me suivre. Il jura qu'il avait eu un mauvais pressentiment en pénétrant dans l'ascenseur.

« Si nous mourons ici, et que je ne vais plus en Italie, ce sera ta faute. Tu l'auras sur la conscience ».

—Mais si nous mourons ici, je n'aurais plus de conscience » fis-je, amusé.

Cet humour déplut à Fallou qui ne comprenait pas que j'ose l'ironie, malgré notre panne d'ascenseur. Je percevais ses larmes, ou des gouttes de transpiration, comme il le dit aujourd'hui. Il voyait son futur en Italie s'étioler à vue d'œil. A l'instant précis où il allait se lancer dans un monologue de regrets et d'accusations, l'étrange machine reprit brusquement sa course, et nous nous mîmes à rire de ses lamentations.

Notre entretien avec notre hôte fut bref et utile, pas seulement pour l'étendue des détails et conseils, mais plutôt par son expérience vécue qui me conforta dans ma décision. J'allais partir aux Etats Unis avec un peu plus de lumières. Cet homme était la preuve vivante que le départ était synonyme de retour, de confort, de réconfort, de retrouvailles, et surtout synonyme d'une vie meilleure. Je partirai et je reviendrai moi aussi au Sénégal. Je partirai pour explorer mon potentiel et je partirai pour revenir ; voilà ce que je me disais. Je dormais chaque soir avec l'Amérique à mon chevet. Ce grand pays que j'avais symbolisé par une photo de la statue de la Liberté découpée dans un magazine, occupait mes rêves et pensées. Tout ce qui touchait au mode de vie américain me convenait et me plaisait. Le fast-food, le hip-hop, le RnB, les frasques des stars de Hollywood, j'aimais tout cela. J'aimais la liberté, la grandeur, et la perspective que tout était possible. L'idée véhiculée dans les medias selon laquelle l'Amérique est le pôle d'excellence du monde, j'y croyais car les Américains ont le sens du défi. Cela renforçait mon désir d'y aller. Ma compréhension du monde allait de pair avec ce que les Etats-Unis avaient à offrir. Me revint à l'esprit la citation de J. F. Kennedy, lue sur le bus à mon départ de Kaolack pour Dakar : « quand il est dur d'avancer, ce sont les durs qui avancent ».

Découvrir de nouveaux horizons pour progresser et mûrir

24 avril 2000 : ce soir-là, j'allais réaliser mon rêve d'Amérique. Mon vol décollait dans quelques heures. Mais surtout, j'allais me réaliser professionnellement, en vue de contenter ma mère, mon fils, et aider Anta à se réaliser elle aussi professionnellement. J'étais triste de ne pas voir ma mère avant de partir. Je pensais à son visage, à son regard dans lequel j'aurais pu puiser les dernières forces nécessaires avant mon voyage. Je pensais aux gestes maternels avec lesquels elle m'aurait escorté vers le taxi, et ses mots : les dernières bénédictions, les derniers conseils. Je voulais tout lui avouer : ma peur, mon angoisse, mes doutes. Fort heureusement, je pus lui parler au téléphone. Mes sentiments étant confus, au lieu de parler, je décidai de l'écouter. Elle fit une prière pour moi, me bénit et garda le silence. Je n'ai pas su lui dire : « *Merci. Merci pour tout* ».

En vol, je pensais au fait que je quittais Kaolack, ma capitale, mon continent. Je quittais ma mère, ma famille, mes amis, tous ceux que j'aimais. Je quittais ma culture, mes traditions, mes habitudes, mon climat ; je quittais tout ce que je connaissais, tout ce qui m'avait façonné : ma langue, ma spiritualité, et tout cela, pour une destination inconnue, mais en quête d'un futur, à la poursuite du bonheur. Je me rendais aussi compte que je quittais mon rêve : j'étais en train de le réaliser. Je l'avais laissé au moment de l'embarquement. A présent dans l'avion, bachelier, muni d'un passeport portant un visa pour l'Amérique, je devais me réinventer un nouveau rêve ! Je devais repousser ma limite plus loin. Je devais rêver en grand, en couleur, en haute définition ! C'était terrifiant, faute d'avoir défini un objectif concret. Je n'avais aucune idée de ce qui était à venir. Je ne savais même pas comment j'allais me nourrir, ni même encore si je trouverai un refuge. Il fallait que je me recentre. Que je réfléchisse à mon futur.

Sauvé par la foi

Après l'annonce de ma future paternité, après avoir déçu Mam Thione et attiré le déshonneur et la honte sur ma famille, je me sentis orphelin. J'avais l'impression d'être seul au monde. J'avais perdu le goût de la vie. Toutes les choses qui m'intéressaient autrefois, comme jouer au football avec mes cousins ou organiser des sorties entre amis, me laissaient désormais indifférent. Je ne mangeais plus. Je ne riais plus. Je ne dormais plus.

Tout me paraissait difficile et inutile. J'étais prisonnier de mon passé ; prisonnier d'une erreur que nul à Kaolack n'aurait pu me laisser oublier. Mon jugement était quotidien, car dans la rue, à l'école, et même à l'épicerie du coin, j'étais victime de représailles tous azimuts. Tout le monde me désignait du doigt, d'un air moqueur et dénonciateur. Il arrivait qu'au milieu d'une foule, je me sente dans la plus grande des solitudes. Je n'avais droit à aucun mot de réconfort, à aucun signe de compréhension, à aucun geste d'encouragement, mis à part ceux de Mam Thione qui me suivait dans ma chute aux enfers. Son soutien, bien que ne me laissant pas indifférent, n'avait pas assez de force pour me faire oublier ma douleur.

« Tiens voilà Thione, l'enfant père sans famille, ni maison! Son père l'a probablement déshérité à présent qu'il a un enfant. Regardez le qui revient encore! Pourquoi viens-tu à l'école? Tu n'as pas d'avenir!», lançaient-ils tous à l'unisson.

Un cercle s'était formé autour de moi, et je restais là, au centre, humilié par ceux-là que je pensais être mes amis. Incapable de faire un geste, n'ayant ni la force ni le courage de braver cet ultime affront, je m'avouai vaincu. Je décidai d'accepter ma sentence. J'étais désormais banni par tous. J'étais une sorte de bête noire, un enfant maudit, indigne d'avoir un chez soi, infréquentable de ses pairs. Je sombrai aussitôt dans un abîme sans fond. Ma chute fut rapide, sombre, effrayante et douloureuse. Je n'avais plus aucune envie de me lever le matin, ni d'aller converser avec Mam Thione, bien que ces échanges fussent pour moi la plus grande et la plus belle des inspirations.

C'est ainsi que je devins un ermite. Je m'isolais dans ma chambre toute la journée et ne sortais qu'une fois la nuit tombée. C'était le seul moment de la journée où personne n'aurait pu me faire du mal, où je n'aurais pas été le sujet de calomnie.

La nuit, je trouvais la paix. Le temps de cette furtive escapade, le vent me paraissait plus doux, la chaleur moins intense, les couleurs moins vives, et le silence encore plus parfait. Je marchais seul dans l'obscurité sans destination. Je suivais tantôt un chat, tantôt un ballon de foot; et toujours la tête inclinée, j'errais dans les rues qui se vidaient au fil de la nuit.

Un soir j'entendis un chant venant de loin. Me dirigeant vers cette direction, je levai la tête vers les cieux pour découvrir une lueur provenant de la mosquée. Malgré mon désespoir, je m'avançai sans crainte, car peu m'importait que cette lumière ait appartenu à un temple ou à une église, dans la mesure où tout ce que je cherchais, était un abri, un soutien. Je marchai dans sa direction car je n'avais nulle part où aller. Ayant perdu tout repère, et ne pouvant plus m'appuyer sur mes piliers détruits, j'allai chercher refuge dans ma foi. Source de sérénité, de réconfort et d'espoir, elle était inébranlable.

Cela était d'autant plus attirant dans la mesure où j'habitais non loin de cette dite mosquée. C'était une mosquée fréquentée par une communauté chaleureuse, ouverte, et essentiel à mes yeux, une communauté qui ignorait tout de mon passé. Elle fonctionnait selon les principes instaurés par le cheikh Ibrahima Niasse.

A plusieurs reprises, j'avais entendu les gens raconter ses voyages à travers le monde : Paris, Pékin, Londres ou encore Freetown… autant de paysages, de civilisations que je ne pouvais imaginer qu'en rêve. Cela me séduisit aussitôt. C'était à Kaolack, dans l'école coranique qu'il avait fondée auparavant que j'avais reçu mon apprentissage religieux.

J'allais à la mosquée tôt le matin pour demander pardon à Dieu et tranquilliser ma conscience. J'habitais la mosquée, et la mosquée m'habitait en permanence. Ma foi était devenue mon refuge.

Je me sentais à mon aise, léger, absorbé par cette ouverture sur un monde qui m'était jusqu'alors inconnu. Après tout ce que j'avais vécu, j'osais espérer qu'il existait une autre manière de cohabiter ; une autre manière de communiquer, avec tolérance et respect. Malgré nos différences, qu'elles soient physiques, linguistiques ou culturelles, n'étions-nous pas tous semblables en fin de compte ? Cette question ne cessait de me triturer l'esprit.

Yaye Khady Faty, la fille du Cheikh, était devenue comme une mère pour moi, et me traitait comme si j'avais été son propre fils. Elle m'invitait souvent à jouer au football avec son propre fils. Invitation calculée de sa part pour tout doucement me contraindre à sortir progressivement de ma dépression. Au fil du temps son fils Michiri et moi étions devenus inséparables ; presque chaque soir, j'allais dîner chez eux.

Ma foi, mon refuge et mon soutien

Au Sénégal la plupart des musulmans appartiennent à ce qu'on nomme une confrérie. Les confréries sont des regroupements de musulmans, comptant souvent plusieurs millions de membres, qui suivent la tradition dite soufie. Ces membres sont fidèles aux doctrines islamiques de base, et se différencient par l'enseignement d'un érudit en Islam, un saint dont ils respectent la doctrine. Les confréries qui comptent le plus d'adeptes sont le Tidjanisme et le Mouridisme. A Kaolack, ces dernières étaient présentes dans deux quartiers distincts.

Mouride par ma famille, je devins Tidjane, non par entêtement et désir de rébellion, mais par foi et par nécessité. Au sein des confrères, je trouvais la paix du cœur. La mosquée des Tidjanes de Kaolack m'apportait la lumière dont j'avais besoin. Me rapprochant des Tidjanes, je ne m'éloignais pas pour autant des Mourides. Je me rapprochais tout simplement de moi-même, de mes convictions, de mon rapport à Dieu, du mode d'expression religieux qui me permettrait d'être en symbiose avec mon environnement. Je ne faisais pas de choix. En tant que croyant je m'en remettais simplement à Dieu en suivant mon destin. Maktoub : pourquoi se battre contre la volonté de Dieu ?

Mon père était un Mouride issu de la confrérie de Cheikh Ahmadou Bamba. Ma mère, née Mouride, l'était restée. Même dans le quartier Tidjane de Medina Baye, mon père était connu et jouissait d'un certain respect, étant le directeur de l'école.

Lorsqu'il découvrit que j'étais devenu Tidjane, mon père me convoqua. Toute la famille s'était réunie dans la cour, certainement rassemblée pour m'humilier.

Mon père me demanda d'abord si la rumeur était vraie. Et lorsque je la confirmai, il me donna une alternative : demeurer Mouride, et rester son fils, ou devenir Tidjane, et partir pour ne jamais revenir. Mon choix était fait, et le sien aussi. *« Je te renie, je te maudis, tu finiras mal parce que tu as trahi ton propre père »*. Je n'étais plus son fils malgré les pleurs et supplications de ma mère. Bien que conscient des nouvelles pressions que je rajoutais à l'éternel crime que cette dernière avait commis en étant génitrice de la « poubelle de la famille » que j'étais, ma détermination était imperturbable, ma décision définitive : j'avais choisi de rester Tidjane.

Face à cette malédiction, Mam Thione, lui-même Mouride rétorqua à mon bourreau de père *« Je ne comprends pas ta colère envers ton fils. Il n'est pas devenu un délinquant, il est devenu un Tidjane, ce n'est pas en prison qu'il va mais à la Mosquée, tu devrais le bénir »*. Il était blême, choqué et atterré. Sans baisser le regard, sans cligner une seule fois, avec l'espoir de concilier l'inconciliable, Mam Thione attendit longuement un geste, un mot, un signe qui auraient pu le rassurer, mais mon père ne répondit rien.

Mon choix de confrérie suffit à sceller le rejet de mon père, pour qui ce choix était une grande déception. Il avait pu accepter la naissance de mon fils malgré mon jeune âge, car d'évidence un jour je serai père à mon tour. Cela avait été précoce, certes, mais cautionnable. En revanche, ce qu'il ne pouvait accepter était que sa descendance mouride, dont il était si fier du reste, s'arrêtât de la sorte. Tout portait à croire que ma mort aurait été plus honorable que ma conversion. Sa décision prise, je quittai la maison de mon père pour la seconde et dernière fois.

++++

J'aimerais dédier le paragraphe suivant à tous ceux qui croient en une entité divine, et plus particulièrement à mes frères et sœurs sénégalais. Vous pouvez mieux que quiconque mesurer la signification et le poids de nos conventions sociales et religieuses. Ainsi tenais-je à partager mon expérience avec la plus grande sincérité. Je suis né Mouride, j'ai grandi Mouride et à présent je suis Tidjane. Le Mouridisme et le Tidjanisme font partie de moi depuis toujours et pour toujours. Sur le chemin de mon destin, à la recherche d'une véritable spiritualité, ces idéologies m'ont accompagné dans le meilleur comme dans le pire. C'est une expérience personnelle qui ne peut être ni prescrite ni recommandée. D'ailleurs, là n'est pas mon intention. Dans les circonstances qui m'accablaient du haut de mes 16 ans, j'étais à la recherche d'un moi plus fort, plus confiant. C'est ce besoin qui m'a poussé à regarder le monde de manière différente. Dans ses contradictions, dans ses nuances, le monde m'a séduit, surpris, choqué, déçu, conforté mais par-dessus tout, appris. Au fil des années, à travers de nombreux voyages, je peux personnellement attester aujourd'hui que nous sommes tous pareils. Peu importe notre confession religieuse, la plupart d'entre nous croyons en quelque chose de plus grand que nous. Nous sommes très nombreux à vouloir les mêmes choses : le respect, la paix, la tolérance et l'amour. Les lois, les croyances, la morale sont des structures qui nous permettent de vivre en communauté et de nous respecter les uns les autres. Ainsi, nous formons tous une famille unie par des liens plus forts que nos dénominations ou nos différences respectives, soient-elles religieuses ou culturelles. Si je devais aujourd'hui choisir une croyance unique, ce serait celle de l'écoute et de la tolérance.

S'isoler pour se ressourcer ou se protéger

L'année de mes 17 ans, ce fut grâce à une conviction plus profonde que jamais que je m'installais à la mosquée. Je devais gravir une vingtaine d'étages aux marches étroites pour arriver à la petite pièce que je m'évertuais à appeler ma chambre. En effet, mon installation était sommaire: une veille table, une bougie et une couverture épaisse en guise de matelas, le tout entassé dans ce petit cube dans lequel, debout, je pouvais facilement toucher les murs, rien qu'en étirant les bras. Malgré l'état vétuste de mon logement, je me sentais privilégié, reconnaissant d'avoir trouvé abri dans la maison de Dieu. Il y faisait particulièrement chaud car j'habitais dans les sommets du minaret, où je pouvais contempler la beauté du soleil au réveil, et la splendeur des étoiles la nuit. Je vivais ainsi toujours dans la lumière. Une lumière qui me pénétrait et me permettait de briller au-delà de mes espérances, bien que les miens m'eussent abandonné à la merci des ténèbres.

Je m'engageai alors dans le processus que l'on appelle Tarabya[1], dans la religion musulmane. Comme une retraite, c'était un exercice de solitude totale qui débouche sur une plénitude spirituelle. Cela peut prendre une semaine, un mois, ou plus encore. C'est un exercice intime qui nécessite une grande concentration, une immersion totale dans sa foi, dans ses convictions. Ce fut ainsi que je m'appliquais à l'introspection, à faire abstraction de toutes les choses, les personnes, les événements récents ou anciens qui auraient pu me distraire. J'avais décidé de vivre pleinement ma spiritualité. Je parvenais même à passer des jours sans me nourrir car je me sustentais spirituellement.

Les jours se ressemblaient: réveil et coucher à la même heure; mes seuls repères temporels étaient donnés par le chant des oiseaux au réveil, de l'appel à la prière cinq fois par jour, et les cris des criquets

---

1. Retraite spirituelle

le soir. Ce rythme se trouvait interrompu uniquement par la prévenance de Yaye Khady Faty ; qui prenait soin d'envoyer Modou Diop m'amener mon souper. Elle avait toujours une pensée pour moi et veillait sur moi.

Mon immersion était totale, ma concentration inébranlable. Je m'enfonçais chaque jour un peu plus dans ma Tarabya, jusqu'à en oublier mon nom, ma maison, ma famille. Je n'étais plus le fils, le frère, le petit-fils, le jeune père ; j'étais un jeune homme en quête de sérénité, un enfant de Dieu parmi d'autres.

Ma retraite **d'une semaine** sembla durer une éternité aux yeux des membres de ma famille : sans aucune nouvelle de ma part, ils étaient morts d'inquiétude. Les seules personnes à se préoccuper de mon sort étaient ma mère et mes grands-parents.

J'étais devenu méconnaissable. Mes cheveux avaient énormément poussé les derniers temps, et une légère barbe était apparue sous mon menton au fil des jours. Ma transformation physique n'était que le reflet du calme qui existait en moi. La sérénité, la stabilité, la force que j'avais acquises à travers ma Tarabya se percevaient dans mon regard, dans mes mouvements, dans mes mots. J'avais mûri de plusieurs années en l'espace de quelques semaines.

Je me demandais souvent quelles étaient les véritables raisons de nos différences : peu importait notre appartenance religieuse, nous étions après tout et pour toujours, frères et sœurs. Nous ne sommes qu'un. A mes yeux, nos différences n'existaient pas pour que nous nous haïssions. Bien au contraire, elles étaient enrichissantes. Je n'étais pas préoccupé par une appartenance, mais bien plutôt par le besoin de me construire, de m'ancrer dans du solide afin de garder le cap.

Avant ma Tarabya, je n'étais pas heureux. : triste, impuissant, plongé dans la tourmente la plus totale, traqué par les miens. Cela fut difficile, et éprouvant. Désormais j'étais prêt ; prêt à affronter le monde.

Saisissez toutes les opportunités de nouer des contacts et de rendre service

Un après-midi de 1996, fatigué, je marchais sans véritable but dans les rues de Dakar, cherchant à voir à quoi ressemblerait mon futur, mais il n'y avait rien, c'était comme regarder un film sans images.

Je marchais le ventre vide, le cœur plein de tristesse et la tête dans les nuages. Une force supérieure guidait mes pas, et semblait savoir quel serait mon destin. Je décidai de m'arrêter à une table publique où des jeunes gens buvaient le thé traditionnel. C'était à quelques pas du théâtre Sorano de Dakar. La petite tasse de thé coûtait 50 Fcfa et si j'avais une telle fortune, ce n'était pas du thé que j'achèterais...

Nouveau venu à Dakar, je pris place auprès des jeunes buveurs de thé, pour écouter ce qui se disait en ville. Ce jour-là, j'avais pris deux livres à la bibliothèque, « Le discours de la Méthode » du philosophe français René Descartes, « l'aventure ambiguë » de mon compatriote Cheick Amidou Kane.

Dès que je pris place, un individu rejoignit le groupe. Il me fit forte impression. Il avait une énergie spéciale, une sympathie spontanée. A sa simple vue et sans savoir pourquoi, la lourde angoisse qui m'inondait baissa d'un cran. L'individu à l'énergie spéciale connaissait tout le monde, sauf moi. « Toi je ne te connais pas, comment t'appelles tu ? » m'interrogea-t-il. « Thione. Thione Niang » fis-je. Constatant que je ne buvais pas, il offrit une tournée et le thé fut servi à tout le monde. C'était la première fois depuis le matin que j'avalais quelque chose. Son geste fut salué par des «dieuredieuf [1]». Les discussions reprirent de plus belle: ça allait des dernières mesures du président Abdou Diouf au dernier album de Youssou N'Dour, la star locale de la musique, en passant par les anecdotes personnelles des uns et des autres. Je ne parlais pas, j'étais venu pour écouter. L'individu à l'énergie spéciale m'interrogea à nouveau, intrigué par mon silence: «Tu m'as l'air préoccupé jeune homme, qu'est ce qui ne va pas?»

Je lui résumais mon embarras face à l'impossibilité de continuer les cours. Il feuilleta «L'Aventure ambiguë», le roman que j'avais pris un peu plus tôt au centre, me taquina «Ton aventure n'est pas moins ambiguë». Je souris. L'homme à l'énergie spéciale avait le sens de l'humour. Mais pas uniquement: par compassion, il m'annonça qu'il pourrait m'aider à retourner à l'école.

«Tu connais le Lycée Lamine Guèye?» interrogea-t-il? L'un des plus connus du pays, ce lycée a formé plusieurs générations au cours des premières années de la post-indépendance. Il fut surpris de m'entendre dire qu'on m'y avait indiqué qu'il n'y avait plus la moindre place.

Après avoir vidé nos verres de thé, l'homme à l'énergie positive que tous les jeunes appelaient Tonton Sorano me demanda de le suivre. Il m'amena dans les locaux du Théâtre Daniel Sorano de Dakar. Au théâtre, Ibrahima Diakhaté, alias Tonton Sorano, connaissait tout le monde, chacun voulait le saluer, lui parler. Il me paraissait être quelqu'un d'important. Au quatrième étage, son bureau me rappela, par sa taille, ma petite chambre de la Médina .Y tenaient tout juste deux chaises et une petite table. Tonton Sorano me fit visiter le théâtre. La grande salle de spectacle m'impressionna par sa taille.

Après la visite du théâtre, de retour dans son bureau, Tonton Sorano passa un coup de fil. Il s'adressait à un certain monsieur

---

1. «Merci», en langue wolof

Djeye, qui s'avéra être le proviseur du Lycée Blaise Diagne. « Mon neveu venu de Kaolack peine à trouver un lycée à Dakar pour suivre sa classe de seconde, pourrais tu… ». Il raccrocha et avait toujours ce sourire « accroché » à son visage comme une tache de naissance. C'était bon signe qu'il ne change pas d'humeur après cet appel. « Tu pourras aller à l'école. Le proviseur du lycée Blaise Diagne demande que tu ailles le voir demain matin ».

Mon émotion, au-delà de la joie et de l'euphorie, fut comparable à une poussée de fièvre. Je sentais que ma vie allait s'enrichir d'un nouveau chapitre. La rencontre avec Tonton Sorano m'avait aidé à reprendre espoir ; j'en pleurai, ému de découvrir que l'humain pouvait encore faire preuve d'humanité.

Ce soir-là, Tonton Sorano alors directeur de la programmation des spectacles au théâtre, m'expliqua qu'il était fondamental de rendre service. C'est d'ailleurs ce souci permanent de servir qui avait mis le proviseur du lycée Blaise Diagne sur son chemin un an auparavant. Il me fit le récit de leur rencontre : « Il désirait obtenir des tickets de spectacle pour faire plaisir à sa femme et son enfant. Les guichetiers lui avaient précisé qu'il n'y avait plus de tickets disponibles, ce qui était vrai. Mais il semblait tenir à ce spectacle. Après moult gymnastiques, je lui avais obtenu les trois entrées. Il voulait payer, mais je lui dis que je me contenterais d'un merci. » C'est à cette générosité spontanée de Tonton Sorano que je dois de retourner à l'école, retourner à la vie et au futur.

J'ai compris à cette occasion à quel point il est important de ne jamais se priver d'une possibilité de contact, n'hésitez pas à franchir le pas, quelle que soit votre timidité ou votre besoin de rester discret. Lorsqu'on vous propose un contact, une personne à rencontrer, comprenez bien que c'est un signe de confiance que l'on place en vos capacités. Saisissez toutes les opportunités, même les plus farfelues, même si elles vous semblent éloignées de votre objectif.

Sachez déceler la main tendue, et acceptez l'inattendu. Certains vont jusqu'à dire que tout réseau commence chez le commerçant à côté de chez nous ! Prenez également conscience de l'importance qu'il y a à rendre service, à chaque fois que vous le pouvez, même et surtout si cela ne vous rapporte rien !

Faites-vous confiance, n'écoutez pas les sceptiques

Quelques mois plus tard, le club d'anglais du lycée devait élire son bureau : je songeais à me porter candidat, même si j'étais le petit nouveau que personne ne connaissait. Je me disais que même si je ne gagnais pas, je ne perdrais rien non plus. Tout au moins, me ferais-je des amis.

Sur la cinquantaine de jeunes que comptait le club, Sogui émergeait en particulier. Très actif depuis les premières séances, il semblait être connu au sein du groupe. Il se porta candidat au poste de président. Je l'abordais et il décida de me soutenir, si je souhaitais le poste de chargé des relations extérieures. Cette alliance providentielle me parut convenable.

Elu, je savourai pour la première fois les fruits du succès électoral. Voilà trop longtemps que je ne faisais partie de rien. Mon rôle me permit de m'intégrer totalement au club et au lycée. Avec les autres membres du bureau, nous avions insufflé un dynamisme inédit au groupe. Nous tenions des séances de travail quotidiennes aux heures de pause. J'étais studieux en classe : je savais jouer mon destin et celui de ma famille. Ma vie à l'époque était marquée par une trilogie, mes cahiers, mon chapelet de prière et mes compagnons de galère, mon frère Fallou et mon ami Amadou.

Aucun nuage ne venait troubler mon horizon. Même si le quotidien était difficile, j'arrivais à tenir grâce à Mam Khady, à Tonton Sorano et à Fallou.

Le club d'anglais se révéla un bon cadre d'apprentissage du leadership. Mon engagement fut récompensé par mon élection l'année suivante au poste de président du club. Une étape franchie sur mon chemin, un pas après l'autre…

Travailler, s'acharner, fournir des efforts constants, en un mot ne jamais renoncer

Au Sénégal, le brevet des collèges était un vrai enjeu car il attestait la maîtrise de tout parcours scolaire. Qu'adviendrait-il de moi si je ne réussissais pas cet examen? Cette seule éventualité d'échec me torturait l'esprit. Fort heureusement, ce n'était qu'une petite épreuve comparée à tout ce qui m'était arrivé. Il aurait suffi que je canalise mon angoisse et fasse preuve de recul. Mon père jurait que je ne réussirais pas, car, comme il aimait à le dire si souvent, « *le chemin de l'insubordination ne mène jamais à la gloire* ». Privé d'encouragements et de soutien, je m'isolai dans ma foi, et armé de ma seule détermination, je réussis l'examen. D'ailleurs, je n'étais pas seul, dans la mesure où Yaye Khady Faty me couvrait jour et nuit de prières et de bénédictions.

A l'annonce des résultats, elle se leva, les mains tendues vers les cieux et s'écria « *Dieu est grand!* ». Je réalisai qu'à Kaolack, il y avait ceux qui priaient pour moi, ceux qui me destinaient à l'échec, et dans une catégorie bien à part, mon père dont l'indifférence ne me choquait guère. « *Je m'en fous* » dit-il, plutôt déçu de constater l'échec de mes demi-frères.

Cela me désola mais ne détruisit pas le lien étrange existant entre lui et moi. Ses sentiments à mon égard avaient toujours été les mêmes. Concernant les miens à son égard, ils n'avaient jamais changé. Je lui vouais toujours un amour tronqué, certes, ébranlé de toutes parts aussi, mais immuable malgré tout. Peut-être étais-je déjà doté d'une grande tolérance ? Peut-être étais-je tout simplement naïf, espérant qu'un jour mon père me « pardonnerait » mon choix d'obédience religieuse ? Peut-être étais-je empli d'espoir qu'avec le temps les choses sombres apparaissent à la lumière ? Je croyais qu'avec le temps, mon père, les miens comprendraient les véritables raisons de ma décision de jeune père perdu, si désemparé…la décision de mes 16 ans.

++++

Tout juste entré seconde à Dakar, je repérai par hasard un groupe de jeunes s'exprimant couramment en anglais dans la cour du lycée. Je les abordais pour savoir comment ils arrivaient à parler l'anglais sans le moindre complexe. Quelqu'un me répondit que c'était grâce au club d'anglais, dont ils étaient membres depuis un an. Ils avaient d'ailleurs dénommé une zone sur la cour du lycée le « London Corner », un endroit où on ne parle que l'anglais.

Outre l'apprentissage de règles linguistiques, le club comptait des discours que nous rédigions et prononcions, des dialogues initiés entre membres, des chansons, des sketches, des commentaires de textes. « *Pour le compte de la nouvelle année scolaire, il faudra confier l'animation du club à une équipe. Nous devons élire le bureau du club, des gens responsables, qui pourront impulser une dynamique à notre club* », indiqua Monsieur Diop, le responsable du club.

++++

En 2002, à Cleveland, je décidai de quitter la première école où j'avais enseigné le français, pour rejoindre un autre établissement. Pour pouvoir être plus disponible, je pris le statut de consultant externe. Dans ce cadre j'avais créé un cabinet d'enseignement

70

bilingue: français et espagnol. J'avais trouvé quelqu'un pour dispenser les cours d'espagnol, et moi, je continuais à enseigner le français. Cette petite entreprise m'aida à avoir davantage confiance en moi. Je suivais une trajectoire, conscient du long chemin que j'avais parcouru, reconnaissant à l'égard de ce formidable pays pout tout ce qu'il m'avait apporté, et qui avait changé ma vie. C'est ce qui a renforcé mon envie de donner un peu de mon temps pour que l'Amérique, ou du moins mon entourage immédiat aille mieux.

J'avais un ami avocat, Reggie Maxton. Il portait sa cinquantaine avec élégance et me traitait en égal, bien qu'ayant le double de mon âge. Reggie me dit: « Engage-toi en politique. Non pas pour devenir politicien, mais pour élaborer de véritables solutions, faisant suite à de vraies décisions, des décisions affectant des politiques, et touchant des centaines et des milliers de gens. C'est le lieu où on peut véritablement avoir un impact sur la vie des gens ».

Je fis des recherches sur les deux formations qui animaient la vie politique aux Etats-Unis. A cette occasion, je posai des questions sur les fondements et idéaux de chaque parti. Les Républicains pensent que chacun a le pouvoir de réussir aux USA, et que ceux qui échouaient sont des paresseux. Je n'étais pas convaincu par leurs arguments; aussi fis-je la même démarche au sein du Parti Démocrate. Et là, à la différence du Parti Républicain, je m'étais vraiment reconnu dans les idées que ses responsables prônaient.

Un jour je me décidai à franchir l'étape suivante. Au sein du conseil communal, l'élu dont le discours me séduisait le plus était Zac Reed, un jeune conseiller démocrate, à la belle éloquence. Au sortir d'une réunion, je l'abordai pour lui signifier mon souhait de l'aider dans ses prochaines campagnes. Il s'empressa de m'éconduire « Je n'ai pas besoin de vous ».

Reggie me conseilla de parler à Kevin Conwell, un autre conseiller communal qu'il connaissait bien. Le contact fut sympathique : mon interlocuteur, amoureux de l'Afrique, faisait preuve à mon égard d'une grande ouverture d'esprit. Nous avions échangé nos coordonnées, et il promit de me téléphoner. Peu après, je reçus un appel de son assistante me demandant de me rendre disponible pour aider le désormais candidat Kevin Conwell dans sa campagne. Nous étions à six mois de l'élection municipale, je rejoignis l'équipe avec enthousiasme.

Plus tard, en novembre 2005, cette expérience me permit de participer à la campagne du maire de Cleveland, Franck Jackson. Ce furent neuf longs et harassants mois au cours desquels il fallait prendre sur son temps de sommeil, sur son temps en famille. Rien n'était certain, rien n'était acquis. J'avais des doutes, bien entendu, j'avais peur de me tromper, de mal faire. Mais ma détermination, ma passion et ma foi, alliée de toujours, me soutenaient jour et nuit.

J'étais chargé de mobiliser la jeunesse. Mon expérience de formateur me fut d'un grand soutien ; de façon inattendue, le slang que j'avais appris auprès de mes premiers étudiants fut l'élément facilitateur de mes contacts avec les gangs de jeunes les plus craints. Chez les électeurs, l'ambiance n'était pas toujours à la sérénité. Cleveland faisait face à une crise qui laissait la ville exsangue de ses entreprises, et certaines avaient été délocalisées en Chine, ou en Inde. Une bonne partie de la population de Cleveland était partie vers des villes plus pourvoyeuses d'emplois. L'hostilité de certains était palpable. J'avais proposé au Maire d'arrêter ces départs en créant un bureau qui pourrait permettre aux populations venus d'autres états de bénéficier d'un bon accompagnement dans la ville, ce qui était essentiel pour envisager d'y vivre, d'y travailler, voire d'y créer des emplois. Quant aux jeunes qui suivaient leurs études dans les universités de l'Etat, trop souvent ils partaient, une fois leurs diplômes obtenus. Le maire approuva ma proposition et me demanda d'y travailler. Aussi fus-je très déçu lorsqu'après sa victoire, j'appris que je ne serais pas recruté. Je m'étais énormément investi de façon bénévole, pendant un an, en vivant sur mes économies. Ce faisant, je me mis en situation de danger et cela eut de graves répercussions sur ma vie privée. Lassée de ma situation financière désastreuse, inquiète pour notre fils, vaincue par le froid et la faim, ma femme m'avait quitté.

Après six mois de grosses difficultés, Kevin Conwell me reçut à son domicile pour m'annoncer une nouvelle qui allait enfin mettre un terme à ma souffrance. Il avait, comme tout conseiller, la possibilité de nommer un "Community organizer" (qu'on pourrait traduire par animateur communautaire) dont le travail consistait à être à l'écoute des populations, à rendre compte de leurs problèmes et à faire le suivi pour la résolution de leurs problèmes. Je serai payé 30 000 dollars par an grâce au budget alloué à Kevin Conwell.

Ce titre me convenait tout à fait bien. J'aimais le contact permanent avec les gens et tout ce qu'on pouvait y apprendre. On organisait des actions de solidarité en faveur des plus démunis, qui recevaient des dons de la part de l'autorité municipale. Ces gestes étaient très appréciés et j'étais pour la population « the good guy », le type sympa toujours là quand on avait besoin de lui. Quelle ironie! J'étais promu à une position que je n'avais pas pu assumer pour ma propre famille. Déterminé dans ma solitude, et soucieux que jamais cela ne se reproduise, je persévérai dans ma mission politique en me donnant corps et âme, et cela sans répit.

Je présentais un rapport d'activité chaque jeudi au conseil communal. Cette expérience me redonna confiance en moi, parce que je lisais dans les regards des autres la confiance qu'ils plaçaient en moi. C'était grâce au regard de ces gens que j'avais pu me relever.

++++

Une anecdote me revient, elle concerne mon premier repas pris à bord d'un avion, lors de mon vol Dakar-New York, en 2000. Mon plat était brûlant : l'aluminium qui le recouvrait le maintenait au chaud. Je jetai un coup d'œil à mon voisin. Je n'avais pas l'habitude d'utiliser un couteau ou une fourchette, car dans ma culture d'origine, nous mangions avec les doigts. Je m'efforçai d'imiter mon voisin. Ainsi, je saisis la fourchette de la main gauche, le couteau dans l'autre, et m'attaquai à la viande d'abord. Le couteau en plastique n'était pas assez tranchant, ou peut-être m'y prenais-je mal. Quoi qu'il en soit, c'était un désastre… Je piquai quelques pommes de terre en attendant que mon voisin se concentre sur son plateau. J'avais l'impression qu'il surveillait ce que je faisais, ce que je mangeais et comment je m'y prenais. Celui de gauche, lui, avait déjà fini et s'essuyait la bouche avec soulagement. Son coude n'arrêtait pas de me pousser à chacun de ses gestes, m'interrompant dans mes tristes tentatives de manger de manière "civilisée". J'étais exaspéré, j'avais faim, et pensais qu'utiliser des "outils" pour se nourrir n'était pas mieux pour autant, et n'améliorait en rien la nourriture. Alors, d'un geste vif qui trahissait ma faim et ma résolution, je laissai mes couverts, et me mis à manger selon la tradition ancestrale sénégalaise… Et tant pis pour le regard des autres !

Osez, toujours, vous avez raison d'espérer !

A Dakar, arrivé au lycée Blaise Diagne dans l'espoir de valider mon inscription en seconde, j'observai les nombreux élèves parler, rire, se taquiner. La cour était animée comme une ruche. Ils semblaient sûrs qu'aucun nuage ne viendrait troubler leurs horizons. Ces jeunes avaient un avenir. Je les enviais.

Au secrétariat on me demanda d'attendre l'arrivée du proviseur qui devait donner l'ultime feu-vert concernant mon inscription. Lorsque la cloche de huit heures sonna, mettant un terme à l'animation dans la cour, j'entendis se taire la clameur des élèves. Les choses sérieuses avaient commencé... Une fois de plus, sans moi. Lorsque la cloche de 10 heures retentit, j'étais toujours posé sur une chaise devant le secrétariat administratif et le proviseur n'était toujours pas venu. La clameur des élèves reprit, puis se calma à nouveau, et j'attendais toujours.

Cinq minutes plus tard, un monsieur de petite taille, vêtu d'un caftan sénégalais et d'un bonnet blanc se dirigea avec autorité vers le secrétariat où je patientais. « *Comment vas-tu jeune homme ? C'est toi le neveu d'Ibrahima Diakhaté ?* ». Me demandant de le suivre dans son bureau, il y appela son assistante et lui remit une recommandation écrite afin qu'elle me présente au surveillant général. Ce dernier étant absent, je devais encore attendre... N'y tenant plus, je rappelai à l'assistante du proviseur mon empressement à aller en cours, en attendant de régulariser ma situation. Elle m'y autorisa. C'était un mardi et la classe de seconde du lycée Blaise Diagne était en plein cours d'anglais.

Le professeur, Carine Lawson, était une bénévole américaine. Une vraie Américaine, avec l'accent qu'il faut! Une charmante femme aux traits asiatiques. Je rêvais juste d'aller au lycée et voici que mon rêve s'agrémentait d'un professeur américain.

C'était l'un des premiers cours d'anglais de l'année. Le professeur nous entretint de la culture américaine. Elle nous précisa que les valeurs américaines poussaient à l'excellence. Que les parents américains ont l'habitude de dire à leurs rejetons dès leur jeune âge qu'ils sont intelligents, qu'ils sont les meilleurs et qu'ils peuvent réussir tout ce qu'ils entreprennent. Sur la nécessité de travailler sans relâche, Carine Lawson nous apprit que si la plupart des Américains mangeaient du fast-food, c'était pour passer moins de temps au restaurant. Ainsi, ils avaient développé l'habitude de manger en travaillant, sans se reposer. Pour Carine, il était également indispensable de servir son pays et l'humanité, c'était d'ailleurs pour cette raison qu'elle s'était portée volontaire pour enseigner l'anglais au Sénégal. Son engagement, commentait-elle, permettait à son pays d'étendre son influence dans le monde et de se connecter aux peuples les plus lointains. Je percevais la nécessité de donner de son temps aux autres. Je buvais les propos de Carine Lawson comme du petit lait. Comment un peuple pouvait-il placer la nécessité de réussir à un tel niveau de priorité? Je ne pus m'empêcher de comparer le portrait du parent américain à celui de mon père. Puis le fait de penser à ma mère, à la nécessité pour moi de réussir pour la secourir…à l'Amérique qui incarnait déjà ce que je voulais. A Kaolack, notre professeur d'anglais de 4ème nous parlait souvent de Koffi Annan, alors secrétaire général des Nations-Unies. Pourquoi ne pas devenir le prochain Koffi Annan… J'écoutai Carine Lawson, et des idées surgirent, se bousculant dans ma tête. « *Il me faut aller en Amérique, il me faut l'Amérique!* »

Le professeur nous fit part de l'existence d'un club d'anglais au lycée, et nous encouragea à nous y inscrire pour améliorer nos capacités linguistiques. Je m'approchai d'elle à la fin des cours pour savoir comment intégrer ce club. Elle me dirigea vers son collègue sénégalais, monsieur Diop qui encadrait le club. Pour moi, y entrer marqua le début d'un long parcours …

Pour avancer d'un pas vers mon rêve d'intégrer une université aux USA, je devais prouver ma capacité à assurer les frais liés à mes études et disposer d'environ 14 000 dollars sur mon compte. Je n'avais évidemment pas cet argent. Un ami de Mam Khady me fit alors une lettre de support financier et se présenta comme mon tuteur dans le cadre de mes études.

Continuez à rêver, ne perdez pas votre objectif de vue

J'étais pauvre, ça oui, mais en même temps si riche de rêves et de détermination !

Les universités aux Etats-Unis, c'était connu, coûtaient atrocement cher. Mon rêve me paraissait parfois prétentieux, mais pas irréalisable. Comment allais-je pouvoir payer mes études dans une université américaine, moi qui peinais à avoir deux repas par jour ? Dans ma recherche d'université à prix raisonnable, Jean-Paul, un ami de Pape Diop, me conseilla le Cuyahoga Community College[1]. La procédure de demande d'inscription était différente de celle des universités classiques. Normalement, il aurait fallu que j'obtienne le Toefl (Test Of English as a Foreign Language), avant toute admission. Il m'aurait fallu débourser l'équivalent de 100 dollars, pour passer cet examen. N'ayant pas l'argent pour cela, ni pour rien d'autre d'ailleurs, je décidai de faire une année préparatoire à mon arrivée en vue d'acquérir les capacités linguistiques nécessaires pour poursuivre mes études universitaires.

Le Cuyahoga Community College répondit assez vite à ma lettre de demande de préinscription. Je reçus l'épais dossier avec enthousiasme ; relevés de notes, bulletins, lettres de recommandations, j'amassai toute ma fortune académique et remplis les formulaires pour renvoyer un dossier complet et dans les délais les plus brefs. J'obtins une préinscription sans trop de difficulté, mais une autre épreuve encore plus déterminante s'annonçait.

---

1. le Cuyahoga Community College est une université qui se situe à Cleveland Ohio

77

La plus belle récompense : les fruits de la force et la persévérance de notre travail

Parallèlement à mes études au lycée à Dakar, je menais avec assiduité les démarches susceptibles de me permettre de fouler le sol américain. Une fois ma décision prise, je m'étais alors rendu à l'ambassade, où l'on s'étonna de me voir débarquer sans même savoir qu'il fallait un passeport pour voyager. Etablir un passeport coûtait alors 30 dollars environ, à l'époque une somme colossale pour moi. Si je voulais avoir un passeport, trouver un job pendant les vacances était l'unique solution.

Dès le lendemain, je postulai pour tout et n'importe quoi : des restaurants, des bars, des magasins de vente de vêtements, des supérettes etc. Il y avait des choses que l'on trouvait facilement à Dakar, mais le travail n'en faisait pas partie. Je dus m'en remettre à mon jeune oncle Pape Diop. Architecte, il travaillait sur un projet initié par le ministère de la Culture en cours de réalisation. Je lui proposai alors de travailler comme ouvrier sur son chantier. S'y opposant catégoriquement, il m'expliqua que faute de qualification en la matière, on me limiterait à des tâches physiquement contraignantes. *« Ce travail sera pénible pour quelqu'un comme toi »* dit-il. J'insistais tant qu'il finit par céder et me présenta au responsable de chantier, un jeune homme aux biceps gros comme des troncs d'arbre, le visage et le corps blanchis par le ciment ; il me demanda mon nom. « *Thione*, lui répondis-je. *Je suis le neveu de Pape Diop* ». Il me dit sans rire qu'il était LE boss. Il précisa qu'il n'y avait ni cousin, ni neveu sur son chantier, qu'il voyait bien que j'étais chétif, mais que je ne pourrais bénéficier d'aucun traitement de faveur afin de ne pas déstabiliser les autres ouvriers. « *Le travail commence à 8h 00, pas à 8h 01, le travail finit à 19h, mais c'est une heure élastique. 19 h, ça peut signifier 19 h 30 voire 19h 45. Il y a une pause d'une heure à la mi-journée pour ceux qui ont prévu quelque chose à manger. Si tu n'as rien prévu, tu continueras simplement à travailler. Si tu te montres paresseux, je te renverrai. J'en ai renvoyé plein par le passé. »*

Après cette mise au point, le boss me donna une tranchée à creuser à l'aide d'une pioche. A tout juste, 17 ans, j'entendais souvent les adultes dire que la vie était difficile, je croyais comprendre ce que cela signifiait mais je me trompais profondément. Le boss compléta mon apprentissage et ma compréhension de la notion de difficulté de la vie. Surpris par la dureté du travail, je me sentais pareil à un esclave ; cela aussi me faisait penser à l'Amérique, à la traite des Noirs.

Avant cette expérience d'ouvrier, je savais que l'on pouvait dormir de fatigue, mais j'ignorais qu'à cause de la fatigue, l'on pouvait également souffrir d'insomnie. Je marchais huit kilomètres par jour, mangeais uniquement à la nuit tombée, et avais mal partout. Ma douleur était si vive que je ne pouvais pas dormir. M'allonger et trouver une position confortable m'étaient quasiment impossible. Tous mes muscles étaient victimes de courbatures, même ceux qui m'étaient jusqu'alors inconnus... Je commençais cependant à m'habituer à mon job. Le vingt-huitième jour de travail, mon organisme montra ses limites. Manipuler la pioche le ventre creux et sous le soleil de plomb de Dakar, tout en souffrant d'insomnie aiguë, m'avait terrassé. Je n'avais pu récupérer des forces, ce qui se répercuta de manière brutale sur mon organisme. Le médecin consulté m'interdit formellement de retourner sur le chantier. A deux jours seulement de la paye de 2 dollars par jour, dont j'avais si grand besoin... Je reçus le compte des 28 jours, ému, fier et rempli de joie et d'espoir. Ma paye me permit les démarches nécessaires pour mon passeport. Très fier de l'obtenir à la sueur de mon front, je m'étais acheté le droit de concrétiser mon rêve. Je n'étais plus dans l'abstrait et me donnais les moyens de façonner mon destin.

Ne jamais désespérer ; toujours croire et rester concentré sur son but

C'est dès l'aube que je me rendis la 1° fois à l'ambassade des Etats-Unis à Dakar. Je savais que l'ambassade n'ouvrait pas avant 9 heures, mais pour avoir le visa, c'était connu, il fallait se lever de bonne heure afin de prendre l'une des premières places dans la file d'attente. Ce jour-là, tous les demandeurs de visa avaient visiblement eu la même idée. A 6 heures à peine, la queue était déjà longue et sinueuse. Incroyable!

On pouvait sentir le stress dans les regards, l'atmosphère était tendue. A 9 heures, les portes de l'ambassade s'ouvrirent et nous pénétrâmes sans faire de bruit, lentement et d'un pas prudent comme si nous prenions soin de ne pas briser nos rêves dans la foulée. On m'appela au guichet 2. C'était une jeune femme asiatique dont je n'oublierais jamais le visage. Elle me demanda mes documents, les feuilleta de manière anodine, puis me fit savoir que je n'avais pas assez de ressources. « *Il vous faut 14 000 dollars. Seulement 7000 dollars sont disponibles sur votre compte* ». Naïf, je tentai de l'attendrir sur mon sort en négociant en anglais « *My Sister…* » Elle m'interrompit : « *Je ne suis pas votre sœur ! Ne m'appelez pas ainsi. Par ailleurs, vous n'avez même pas encore le bac. Ça suffit ! C'est fini !* ». La douche fut glaciale et brutale. Tonton Sorano me rappela que 18 mois me séparaient du bac. Huit mois après le premier rejet, j'introduisis une nouvelle demande qui connut le même sort. L'adage « jamais deux sans trois » se vérifia dans mon cas. La date portée sur la préinscription étant ancienne comparée à la date de ma demande de visa, à la troisième sollicitation il me fut demandé d'obtenir une nouvelle lettre de l'université. Cuyahoga mit du temps à m'envoyer une nouvelle lettre de préinscription. A ma quatrième demande de visa, je me sentais déjà un habitué de l'ambassade. A ce moment-là, j'étais déjà bachelier, et la plupart de mes camarades avaient commencé les cours à l'université Cheikh Anta Diop de Dakar. Je retournai à l'ambassade pour avoir le verdict de ma quatrième tentative. Je priais pour ne pas rencontrer la dame asiatique qui avait pris du plaisir à tamponner deux fois le refus sur mon passeport. Ce 18 janvier 2000, on m'appela au guichet 4. J'étais fatigué. Je m'étais accroché à mon rêve pendant 3 longues années et cela sans progresser d'un iota. Je n'avais plus l'énergie, ni les ressources pour continuer. L'espoir d'un jour meilleur me glissait entre les doigts. Jusqu'alors, je m'étais refusé le découragement, le doute, ou la remise en question de mes capacités. Je ne m'étais jamais autorisé à douter de la foi que Mam Thione avait placée en moi. Mais à ce moment-là, je sentais que mon rêve cristallin allait peut-être souffrir d'une fissure.

Je vis un vieux monsieur, dont la blancheur de la barbe me rassurait de prime abord. Dès qu'il prit mon dossier, je ressentis le besoin de le compléter d'un plaidoyer oral. Je lui expliquai, les yeux humides de larmes, le cœur lourd et l'espoir au bord des lèvres, que je voulais juste avoir une chance de faire de bonnes études aux Etats-Unis afin de m'accomplir et aider ma mère qui m'était tellement chère. Sans lever les yeux de mes documents, il me demanda : «*Pourquoi Cleveland ? Il fait froid là-bas*». Il prit le temps de consulter mes différents papiers. Ses gestes ralentirent, il me sourit et m'annonça « *Tu auras ta chance, promets-moi qu'une fois là-bas, tu te comporteras dignement et que tu travailleras bien* ». «*Je le ferai, je serai irréprochable et bon étudiant*» lui répondis-je en anglais.

Il me demanda de revenir retirer mon passeport à 16 heures ! Je n'osais le croire, après avoir subi quatre refus. Chacune de mes 3 tentatives avait échoué. Sans mon visa, je ne pouvais m'autoriser à rêver, à espérer, ni même à respirer. Ceux qui, comme moi, avaient reçu la même injonction le matin, revinrent l'après-midi. D'une centaine le matin, à 16 heures nous n'étions plus qu'une vingtaine dans les rangs, et j'étais en quatrième position. L'ambiance était plus détendue. Nous parlions, riions. J'ignorais pourquoi, mais il demeurait encore une trace d'appréhension en moi. Saisi d'un vent de folie peut-être, je me mis à demander à tout le monde s'ils avaient bien reçu pour instruction de revenir pour récupérer leur visa. Celui qui me précédait dans les rangs me précisa que si l'on m'avait demandé de revenir, c'était parce que l'on allait me donner le visa. Il m'intima ensuite de me calmer. Le policier chargé de nous rendre nos passeports, me tendit le mien accompagné du mot « *félicitations* ». J'avais obtenu un visa étudiant de trois ans ! Enfin, la lumière au bout du tunnel… tant attendue et espérée !

++++

Je me souviens très bien de l'impression que j'ai éprouvée à ce moment-là : c'était comme vaincre une horrible et douloureuse fièvre qui s'était développée pendant trois longues années. La température avait atteint un niveau alarmant. Je me sentais faible, à bout de forces. J'avais œuvré de toute mon âme, de toutes mes forces afin de surmonter cette fièvre, de l'éradiquer, car elle avait fait perdre la tête à plus d'un, qui n'avait pas réussi à partir. A présent, la fièvre s'était dissipée, mon honneur, mes rêves et mon espérance étaient intacts. Avoir ce visa signifiait tenir en main la clé de mon futur, enfin !

Rêver grand et toujours plus grand
Fort de mon visa, enfin obtenu, je décidai d'aller voir Oumou Salamata Niass, fille du Cheikh. L'une des rares personnes à être dans la confidence de mon voyage, elle me demanda ce que je comptais faire pour le logement à New York. Je lui répondis que je ne connaissais personne aux Etats-Unis. Elle m'informa que son mari y vivait et me promit que ce dernier, chauffeur de taxi à New

York, pourrait venir me chercher à l'aéroport, et mieux encore, m'héberger le temps nécessaire jusqu'à ce que je trouve une solution durable d'hébergement. Cette promesse m'avait réconforté, mais mon problème de billet d'avion restait insoluble. Comment trouver l'argent nécessaire ?

Ma mère alla quémander un prêt auprès de tous ceux qui étaient réputés détenir des moyens financiers : des commerçants aux marabouts, en passant par les héritiers, tant à Dakar qu'à Kaolack. L'hostilité fut la même partout, bien que nous présentâmes à chaque fois les titres de propriété de la maison de mon grand-père en garantie du prêt. Le temps filait à un rythme accéléré. Trois mois déjà que j'avais le visa et que je traînais toujours à Dakar, faute de billet. Je me résignai à attendre la providence. Ma mère me dit que cela ne me ressemblait pas ; et pourtant, j'étais vraiment découragé. Je devais m'en remettre à mon destin. Maman me proposa d'aller voir Daouda, un cousin lointain qui avait réussi au Japon et qui était en séjour au pays. « *Il réagira comme tous les autres…il prendra le temps de bien écouter nos problèmes, et nous expliquera les raisons l'empêchant de nous aider, puis quand nous serons partis, il se moquera de notre misère* ». Ma réponse n'ébranla pas l'optimisme de maman. Les mamans, c'est connu, quand il s'agit de leur enfant, même lorsque chacun sombre dans le désespoir, disposent des réserves d'énergie, de foi et de combativité. C'est ce qui fit la différence. Elle avait pris ma relève. Quémander tous les jours était plus que contraignant, plus épuisant que de travailler sur un chantier. Ma douleur n'avait plus de fin, mon désespoir était total.

A la suite de sa rencontre avec son cousin Daouda, maman me téléphona pour me dire que ce dernier proposait de me retrouver à l'agence de voyage Mboup, à Dakar. Il m'accorda le prêt pour l'achat du billet. C'était le 19 avril 2000. Il me demanda quand je souhaitais partir. «*Le plus tôt possible*» répondis-je impatient. Il m'acheta un billet sur le prochain vol en direction de New York. Il sortit des dollars de son portefeuille pour payer. C'était la première fois que je voyais cette monnaie, objet de tant de fantasmes! Les billets étaient tous de la même taille, de la même couleur, certainement de la même odeur. On lui retourna un solde de 20 dollars qu'il me tendit avec lenteur et gravité. Je me confondis en remerciements, promettant à Daouda, qu'une fois en Amérique, ma priorité sera de travailler pour le rembourser au plus vite.

Comme promis, la fille du cheikh informa son époux de ma date d'arrivée. Mon ami Amadou m'avait prié de ne pas oublier qu'il faisait froid aux Etats-Unis. Il me conseilla ainsi, sur un ton plutôt impératif, d'acheter un imperméable. « *C'est ce que les gens portent là-bas contre le froid* », « *non, je ne crois pas* », rétorquai-je. Je finis par céder, un peu intrigué que les Américains, pour se protéger du froid, portent un vêtement que les Sénégalais mettent pour se protéger de la pluie, ou que les pêcheurs portent pour sortir en mer. Nous partîmes l'acheter au marché de friperie de Colobane. «*Pour ce jour si spécial, je dois porter un costume*» m'étais-je dit. Nous en avons trouvé un de seconde main, à bon prix, ainsi qu'un imperméable, lui aussi de seconde main. Ce n'était pas réellement ma taille, mais j'en étais content. Ce costume me convenait comme s'il avait été confectionné pour moi. Il était gris rayé, avec quatre boutons. Je mis mon imperméable dessus. C'était la première fois que je portais un costume qui m'appartenait. Les fois précédentes, c'était pour quelques rares événements du club d'anglais. J'empruntais alors une veste à mon oncle, un pantalon à mon frère Fallou, tous deux plus grands que moi, et les enfilais.

Le plaisir de gagner sa vie !

Arrivé à New York, petite déception : ni tours, ni gratte-ciels, ni monuments dans le Bronx, la partie de la ville où logeait mon hôte, Ass Dieng. Il m'accueillit dans un immeuble aux murs sales, aux couloirs mal éclairés ; tout paraissait étroit. Je me sentais un peu comme à Dakar…Au moment de prendre mes aises, j'affrontai un des premiers challenges de mon nouveau monde : la douche ! Quelle fantastique chose c'était ! Quel confort ! Je pénétrai dedans, tirant le rideau derrière moi. Dans la douche, se trouvaient un robinet bleu, et un autre, rouge... lequel ouvrir ? Je raisonnais : le bleu me paraissait basique, le rouge incarnait la modernité. Après cinq bonnes minutes de débat intérieur, j'optai pour le rouge, et tournai entièrement sa poignée. Je m'étais stratégiquement positionné, pile sous le pommeau, afin de jouir du bien-être qu'allait me procurer une bonne douche, relaxante après mon long périple ! L'eau fut tiède et agréable dès les premières secondes ; je fermai les yeux, me délectant de cette pluie qui me rappelait les pluies torrentielles de Dakar pendant l'été…puis soudainement, elle devint chaude, très chaude. D'un bond je fus hors de la douche. Me frottant le bras pour soulager ma peine je demeurais ébahi à la vue de l'eau fumante, et pris conscience que je venais d'échapper a une brûlure au deuxième degré, au troisième, peut-être. Pourquoi une température aussi élevée ? Quelle idée ! Ass Dieng dissimula son étonnement en m'entendant dire que c'était la première fois que j'utilisais une douche et que j'ignorais tout de sa manipulation. Il ne me jugea pas sur cette mésaventure.

Pour vivre, il me fallait une source de revenus de toute urgence et j'entrepris d'aller le voir le matin même un boucher indien voisin qui me recruta. Je décidai de sortir marcher un moment, à la recherche de quelque indice pouvant me montrer l'Amérique que je cherchais. L'Amérique qui m'avait séduit, l'Amérique dont j'avais rêvé. Car jusque là, seul l'anglais omniprésent me confirmait que j'étais aux Etats-Unis. Je n'avais pas encore vu le moindre gratte-ciel, j'étais dans un ghetto comme dans le quartier de la Médina à Dakar, je voyais des sans domicile fixe partout, un peu comme les jeunes mendiants talibés à Dakar, je marchais pendant des kilomètres à Dakar et même à New York, je marchais encore. J'avais fait l'apprenti maçon à Dakar et ici, j'allais trimer dans une boucherie…

Je marchais en ruminant cette forme de désillusion qui pointait. Je m'arrêtai devant une pizzeria et décidai d'affronter le vendeur au débit rapide et à l'accent incompréhensible. Et comme si cela ne suffisait pas, il trouvait mon accent également incompréhensible. Mon accent. Le mien…A moi… Moi qui fus le président du club d'anglais du lycée Blaise Diagne de Dakar… Ainsi, pour éviter de m'adresser une parole qu'il avait peur que je ne comprenne pas, il leva neuf doigts et les avança vers moi répétant "Neuf dollars. Neuf!" A présent, j'avais en main une part de pizza chaude, un coca frais, une serviette et pour richesse, je n'avais plus qu'un seul dollar en poche. Je n'oubliais pas que j'avais une université à payer, un logement à louer, des vivres à acheter, des déplacements à payer, des vêtements… Les cinq mois qui me séparaient du démarrage effectif des cours à l'université étaient mon sursis. Mais je n'étais pas découragé. Je n'étais pas arrivé jusque là pour me décourager aussi vite. Le moment d'agir était enfin arrivé! Rêver appartenait au passé! Ainsi je commençai à travailler le lendemain, avec une mise en garde de mon patron : «*pour couper la viande, il faut faire très attention à la lame de la machine. La moindre inattention de ta part, le temps d'un battement de cils suffisent pour te couper la main. J'en ai vu arriver ici avec deux mains et partir quelques doigts en moins*».

Je coupais, puis livrais la viande de 8 heures à 21 heures, six jours par semaine et assurais l'entretien des lieux. Au début, j'étais un peu réticent face à l'ampleur de toutes ces tâches. Mais toute pensée visant à me détourner de ce travail eût été suicidaire. Le dimanche, jour de paye, était alors mon favori dans la semaine. Je gagnais 150 dollars par semaine. En deux semaines, l'apprenti-boucher que j'étais gagna plus qu'un professeur de lycée de Dakar en un mois de travail. Même si j'étais conscient que les coûts de vie n'étaient pas les mêmes d'un pays à l'autre, je ne pouvais m'empêcher de penser que j'avais un « bon salaire ».

Le premier dimanche de paye fut le plus beau jour de ma vie. C'était le matin, un vent glacial soufflait, me balayait le visage, me piquait les yeux, mais j'arrivais cependant à entr'apercevoir, malgré tout, le soleil, le soleil qui brillait. Je me dirigeai, paie en main, vers Western Union. J'avais localisé ce bureau depuis mon arrivée et y entrai pour envoyer mon premier versement à ma mère. Arrivé à New York, ma mère n'avait pas quitté mes pensées : en ce jour de mai 2000, je prenais soin d'elle pour la première fois de ma vie. Je ne supportais plus l'idée qu'elle fasse des tâches ménagères qui l'épuisaient. Avec mes versements, elle serait en mesure de recruter une femme de ménage pour vaquer aux tâches domestiques, ce qui lui permettrait de se reposer. Aussi, j'envoyai 20 dollars à mon père afin qu'il prie pour moi. Je fis cela car c'était le désir de ma mère. Pour me plier a la tradition, je m'exécutai sans opposition. Le respect de ma mère, ma philosophie, mes principes, m'ont permis de prendre le recul nécessaire pour accepter de faire preuve de clémence envers mon père.

J'avais espéré ce jour toute ma vie, depuis que j'avais douze ans ; à présent ma mère n'aurait plus besoin de trimer comme une esclave pour satisfaire une maisonnée de plus de 30 personnes. Les réveils à cinq heures, puis pousser, tirer, épousseter, encourager, soigner, cuisiner, soulever, puiser, laver : tout cela pour finir la journée à 22 heures, sans jamais aucun remerciement, aucune appréciation positive. Enfin, elle pourrait se reposer parce que son fils Thione lui aura fait un transfert d'argent! Cette aspiration n'était pas secrète, je l'avais exprimée à ma mère à de maintes reprises.

1% de chances, et alors?

Après 3 mois et demi à New York, c'est en juillet 2000 que j'ai enfin découvert l'Université de Cuyahoga Community College de Cleveland. J'y ai rencontré Pamela, au service des affaires internationales de l'Université. Avenante, elle avait ce je-ne-sais-quoi qui rassurait et mettait de suite en confiance. Pamela était faite pour ce poste. Ma correspondante permanente dans mes échanges avec l'Université, elle se montra toujours dévouée. Elle m'expliqua que l'Université n'avait pas de structure d'hébergement pour étudiants et m'aida en effet à obtenir, via une association, un petit studio dont le loyer s'élevait à 420 dollars par mois.

Des liens étroits relient les mots «pauvreté» et «petitesse». J'avais quitté une petite maison de Kaolack pour une petite pièce chez ma grand-mère à Dakar, puis le petit appartement de mon frère, et là encore, un petit studio. J'ai toujours entendu les gens aux moyens limités exprimer leurs ambitions en ces termes: «avoir une petite femme, une petite maison, une petite voiture». Moi, j'ai toujours voulu un grand destin, et ce petit studio était un passage obligatoire. Il y avait un petit lit, un réfrigérateur et une table d'étude, beaucoup plus de confort que je ne pouvais en rêver à Dakar.

Le lendemain, Pamela me demanda de me rendre à son bureau. Elle m'annonça qu'ayant obtenu mon visa janvier et ne m'étant présenté à l'université que six mois plus tard, je risquais de le perdre. Pour résumer, cela signifiait que la probabilité que je retourne au Sénégal était très envisageable: j'étais anéanti. Elle m'exposa les possibilités qui s'offraient à moi: ou je sortais du pays pour aller vers le Canada, la Grande Bretagne ou le Sénégal, et je revenais, ou bien je devais adresser une lettre aux services d'immigration pour leur exposer la raison de mon retard à rejoindre mon université. Pamela me déconseillait la seconde option dans la mesure où, disait-elle, "dans 99% des cas, les immigrants qui font cette demande obtiennent pour toute réponse un refus de renouvellement et un renvoi dans leur pays". 99 % de refus, elle en était certaine.

L'option que la spécialiste trouvait risquée pour moi, était pourtant dans mon cas la seule envisageable puisque je n'avais que 900 dollars, dont 420 iraient à la location, et que je ne pouvais en aucun cas financer un voyage. Pamela trouvait mon choix osé, voire fou pour quelqu'un qui tenait absolument à faire ses études aux Etats-Unis. Certes, ce choix n'était pas conventionnel, mais représentait la seule issue possible à mes yeux. Je misais tous mes arguments, ma sincérité et ma force de persuasion dans cet unique pourcentage de probabilité et surtout dans un formulaire que j'avais rempli avec la plus grande concentration. 1% de chance d'obtenir un retour favorable des services d'immigration…. Trois mois seulement après mon arrivée, je devais encore attendre deux semaines pour savoir si je devais faire ma valise ou si j'allais pouvoir enfin poursuivre le cours de ma vie.

Ce furent deux semaines très difficiles, mon esprit était torturé par une multitude de questions angoissantes. Qu'aurais-je fait de retour au pays ? Que ferais-je si j'étais expulsé par mon pays hôte ? Moi qui me croyais déjà installé, je risquais de remballer mes affaires. Je risquais de décevoir l'attente familiale. Que dire à ma mère ? Aux voisins ? Que faire une fois au Sénégal ? Cette situation qui, au-delà de tout, était porteuse d'une honte immense, était invivable pour moi, comme pour la majorité des immigrants africains ; d'ailleurs on considère qu'il vaut mieux de ne pas quitter son pays plutôt que d'y être refoulé. C'est une situation qui jette le déshonneur sur toute la famille, entraînant parfois l'exil : en effet, certains optent pour le choix de vivre prisonniers, en clandestinité à l'étranger, plutôt que de retourner libres chez eux. Mais ce ne serait pas mon sort. Je m'interdisais d'y penser.

Deux semaines plus tard, Pamela m'annonça que la commission avait statué en ma faveur. J'allais pouvoir rester pour étudier! J'étais tellement soulagé! 1% de chances, et j'avais réussi!

Parfois, plus c'est gros, plus ça passe…

Apprendre partout et de tous

Lors de mon premier job d'été, à Dakar, avec les apprentis maçons que j'avais toujours considérés comme des individus intellectuellement limités, j'appris beaucoup, et sur à peu près tout. Quelle erreur! Croyez-le ou non, nous parlions de politique, de philosophie, de voyages, parfois en grignotant de simples arachides. Je rencontrais des gens très intelligents avec lesquels je travaillais du lundi au samedi. Tous, chacun à sa façon, ils m'ont énormément apporté. Parmi eux, j'avais découvert un trésor. Un trésor d'expériences, de conseils et de leçons que j'avais eu la bêtise d'enfouir sous une masse de stéréotypes et d'ignorance. Ils avaient tous vécu tellement de choses et traversé des expériences si diverses! Les préjugés m'avaient presque fait passer à côté.

++++

Ce soir d'avril 2000, lors de mon départ d'Afrique vers les USA, je pensais à tous ceux et celles qui m'avaient permis d'arriver jusqu'à ce terminal d'aéroport. La sagesse de Mam Thione, l'amour inconditionnel de Maman, la prévenance de Fallou, le soutien constant de mon ami Ousseynou, les encouragements infaillibles de Tonton Sorano, les vaillants maçons, Mam Khady, Pape Diop, Madame Lawson et le club d'anglais…tant de visages, tant de leçons, tant d'amour et de foi en moi. Je pensais aussi à tous ceux qui m'avaient rendu la vie difficile, à l'indifférence et la haine que mon père me vouait; je pensais à toutes les épreuves auxquelles j'avais dû faire face : mes jours d'errance sans lycée, le centre culturel français ou encore mon record de rejets consécutifs à l'ambassade américaine. Toutes ces épreuves avaient forgé ma détermination, ma foi, ma volonté, mon humilité. Elles m'avaient toutes préparé. Le bien comme le mal, tous deux m'avaient façonné. Tous deux avaient fait de moi ce que j'étais, ce que je pensais, ce en quoi je croyais, ce que je respectais, et ce que je deviendrais.

Je ressentais encore la présence de mon monde, celui que j'allais bientôt quitter. Je n'avais qu'une légère sacoche en main, car je ne possédais pas grand-chose sur cette terre ; cependant, j'avais déjà de très nombreux bagages. Emotions, conseils, prières, bénédictions… j'étais paré. America, here I come!

++++

En mai 2000, un mois après mon arrivée à New York, Ben Niasse, un petit-fils du chef spirituel de Dakar, avait été promu responsable d'un restaurant mexicain appelé «Chevy's», situé à New Rochelle. Ben, jadis élève de mon père à Kaolack, n'hésita pas à me recruter. Mais mon accent jugé incompréhensible, me cantonnait au nettoyage et à l'entretien de la vaisselle. Les postes de serveur étaient réservés à des jeunes de lycée qui travaillaient pendant le temps qu'ils ne passaient pas en classe. Ben, modèle de réussite, avait tous les attributs du succès : habillement impeccable, bel appartement, grosse Land Cruiser. Il assurait l'embauche des jeunes immigrés tout juste arrivés aux Etats Unis. Sorte d'agent de liaison, d'ambassadeur entre le Sénégal et les Etats-Unis, il était serviable, contribuant activement à la réussite de la communauté sénégalaise. Il faisait figure d'oncle, de tuteur de tous : il était ce que je voulais être.

Mes premiers jours d'agent d'entretien furent très enrichissants au sens propre du terme. Dans le restaurant, chaque fois que je débarrassais une table après le départ d'un client, je trouvais des pièces, des billets de 5 ou 10 dollars, que je prenais. Plutôt rapide pour les tâches d'entretien, mon patron m'en félicitait. Le Latino, chargé du même travail, était de plus en plus décrié pour sa lenteur. Personne ne se doutait que les pourboires que je récupérais étaient la véritable motivation de mon enthousiasme, de ma spontanéité. A la fin du mois, Ben le patron réunit tout le personnel dans la cuisine, pour écouter les plaintes des serveurs. C'était une réunion de crise, au cours de laquelle, les serveurs, exclusivement rémunérés à partir des pourboires menacèrent de démissionner.

— Nous ne savons pas où passent les pourboires, nous ne touchons plus rien ! » s'écria l'un d'eux.

— Attendez ! Les billets que je récupère ne me sont-ils pas destinés ?

— C'est toi qui les prends ? interrogea l'assemblée, indignée de m'avoir félicité pour ma rapidité sans se douter qu'une motivation financière justifiait mon attitude.

— Ces pourboires ne te sont pas destinés ! expliquèrent-ils avant de me mettre en garde : « Ne touche plus jamais au moindre rond. Tu nettoies, et c'est tout. Tu nettoies et après tu te barres. Compris ? »

Cette situation me déçut profondément, je me voyais déjà lancé dans mon rêve américain. Je dus malheureusement m'y résoudre. Au cours de ce précieux mois, j'avais gagné 800 dollars chaque semaine. Cela m'avait permis de téléphoner plus souvent à toute la famille, de m'offrir une paire de baskets et de me faire plaisir en allant voir les New York Yankees jouant au Stadium… je m'étais autorisé un certain train de vie. « Que Dieu bénisse l'Amérique ! » me disais-je chaque matin, comme un mantra, comme une chanson, que je me répétais en nettoyant. Chaque semaine, en ajoutant mes 150 dollars d'agent d'entretien et mes 800 dollars de pourboires, je gagnais autant qu'un homme politique sénégalais !

Je compris que pour atteindre mon rêve américain, il me faudrait patienter un peu plus longtemps. Je retournai à mes 150 dollars par semaine qu'arrondissaient parfois 20 ou 30 dollars que me donnaient les serveurs. Mis à part cet incident, je m'acclimatai assez bien à ma nouvelle vie.

++++

Au nombre de mes premiers amis aux Etats-Unis, il y eut Christie, jeune noire américaine, lycéenne et serveuse au restaurant. J'adorais l'accent new-yorkais de cette jeune femme originaire de Géorgie. Très attirée par la culture africaine, Christie m'avait dit que son professeur de terminale souhaitait que je vienne partager les spécificités de la culture sénégalaise. J'acceptai volontiers, fier d'être africain et honoré de partager mon savoir, mon vécu avec des Américains, et curieux d'en découvrir plus sur mon pays d'adoption. Nos échanges furent fructueux et surprenants. Des questions fusaient de tous les 24 élèves. Leurs préoccupations allaient du climat à la famille en passant par les coutumes. Un jeune homme m'adressa une série de questions auxquelles je ne m'attendais pas

« Est-ce vrai que les Africains vivent dans la jungle ? Comment vivez-vous avec les animaux sauvages ? Comment vous habillez-vous ? »

L'auditoire avait peine à croire qu'au Sénégal, comme dans les autres pays africains, il existait des villes, que je n'avais jamais vu d'animaux sauvages, hormis dans les zoos ou encore des réserves, et que nous nous habillions à peu de choses près comme je l'étais ce matin-là. Pour eux, l'Afrique était un zoo géant où les Africains dansaient la bamboula avec les singes, et faisaient partie du spectacle…

C'était mon premier discours aux Etats-Unis. Cette expérience, saluée par mon modeste auditoire, m'avait inspiré, encouragé à persévérer et à développer chez moi cette étrange sensation : sensation d'harmonie et de sincérité dans cet échange. Avant cette intervention, j'étais juste un immigrant Sénégalais qui désirait gagner un peu d'argent pour aider sa famille à Kaolack. Désormais, je voulais autre chose en plus. Je me sentais capable de quelque chose de plus grand, de plus ambitieux. Je sentais en moi l'envie d'aller vers les gens, de leur parler. L'activiste sommeillant en moi et ignoré jusque là se réveillait, l'année académique approchait à grands pas. Et en attendant, je faisais la vaisselle à New York…

++++

Savoir s'adapter, apprendre au contact de l'ailleurs ou de l'autre, sans se déprécier de façon excessive, ne pas trop se comparer, et surtout garder son sens de l'humour : autant de postures qui permettent souvent de se sortir de situations complexes. Se mettre en situation d'entrer en contact avec l'autre, quel qu'il soit, est positif. Cela permet de faire évoluer la relation vers un niveau fondé sur la réciprocité, porteur d'enseignements bons à prendre. Apprendre le maximum de choses possible a toujours guidé mes pas, depuis mon enfance. L'autre permet aussi de se projeter vers le haut et de s'imaginer dans une meilleure situation.

Rester positif face aux mauvaises surprises
Quelques mois plus tard, le moment de percevoir mon premier salaire d'enseignant était enfin venu. Le responsable de l'administration

nous donna des enveloppes où avaient été glissés nos chèques. Je sortis discrètement de la salle pour ouvrir l'enveloppe. Tout excité à l'idée de devenir millionnaire, je déchirai l'enveloppe, pris une grande respiration en fermant les yeux et en expirant, les ouvris pour découvrir mon chèque.... 700 dollars! Je n'avais reçu que 700 dollars au lieu des 2 500 mensuels annoncés: il devait y avoir méprise, alors je vérifiai le contenu de l'enveloppe une fois de plus, car il pouvait s'y trouver un autre chèque peut-être, mais non. Annexé à mon maigre chèque, je trouvai un papier qui faisait le détail des montants soustraits de mon salaire pour divers impôts. Je filai, furieux, vers l'administration pour leur faire part de ma colère. «Madame, je ne suis pas content du chèque! Pourquoi ne me payez-vous que 700 dollars? Si vous devez retirer de l'argent de mon salaire, la moindre des choses c'est de demander mon avis. Il faudrait savoir si moi, j'ai envie de payer ces impôts! Et justement, je n'ai pas envie de les payer". Elle me fit asseoir, m'expliqua en quoi consistait chaque impôt. «C'est ainsi ici, on ne choisit pas ou non de payer ses impôts, on les paye. C'est tout. Welcome in America!». Le temps de créer un compte pour encaisser le chèque, je téléphonai à ma mère pour renoncer à mes ambitions foncières. «Maman, finalement, il faudra attendre avant d'acheter les terres dont nous avions parlé!».

Oser toujours plus grand

Un soir de 2006, je reçus un appel d'une députée, Shirley Smith, l'une des leaders du parti démocrate. Elle se présentait aux élections sénatoriales et me proposa de travailler avec elle pour sa campagne. Déterminé à prendre les bonnes décisions engageant mon militantisme politique, je pris quelques jours pour mener une enquête sur Shirley et réfléchir à sa proposition. Elle était connue, avait l'air de quelqu'un de sensé et son programme me semblait solide. J'acceptai donc de la soutenir comme consultant et directeur de campagne.

95

En tant que premier responsable de la gestion de sa campagne, j'étais chargé de la stratégie électorale, de la levée de fonds, et du travail auprès des électeurs. C'est ainsi que naquit le cabinet nommé Thione Niang Group. Mon objectif principal était de la faire connaître auprès des électeurs et de mettre l'opinion publique de son côté. Shirley Smith avait l'étoffe d'un sénateur. Dynamique, la campagne avait cela de magique que nous disposions d'une arme secrète : le "porte-à-porte". Pendant de longs jours de labeur, nous avions parcouru tout son district dans l'état d'Ohio, frappé à toutes les portes sans exception, serré des centaines de mains... Et cela sans relâche. Le défi avait été relevé, et Shirley Smith venait d'être élue sénateur de l'État de l'Ohio. Nous avions gagné ! Cette victoire fut acquise en convainquant chaque électeur un à un, de jour comme de nuit, et sans le moindre repos. Les dix jours précédant les élections furent consacrées à ces efforts sans répit pour s'assurer que les électeurs se déplacent pour aller voter. Cela avait requis énormément de détermination mais aussi une écoute sincère de son prochain ; et cela nous garantissait que la candidate Shirley Smith soit une représentante non seulement bien informée, mais surtout authentique.

La victoire de Shirley était aussi la mienne : j'y avais contribué. Mes décisions et actions avaient eu un impact positif sur la campagne de la sénatrice et affecteraient, dans leur prolongement, tous ses électeurs. Shirley élue Sénatrice, la responsabilité lui incombait d'améliorer la vie de tous ceux qui avaient cru en elle. J'étais ému. Ému à l'idée que derrière chaque visage, chaque regard, chaque poignée de main se trouvait un électeur qui nous avait fait confiance. Dans les rues, c'était le programme de Shirley Smith que je transmettais mais j'en étais le vecteur. J'étais un élément, un rouage de cet appareil politique, un élément modeste, doté d'un but et capable d'un impact.

La campagne de Shirley avait été de bon augure concernant l'amorce solennelle de mes engagements politiques. J'avais indiqué à Shirley mon souhait de travailler avec les jeunes démocrates. Si je militais déjà au niveau local, je me devais de mieux comprendre le fonctionnement du camp démocrate au sens large. Shirley avait donc promis de me présenter à la présidente des jeunes démocrates de l'Ohio.

++++

Tous les deux ans, les Jeunes Démocrates américains organisent une convention au niveau national pour dynamiser les instances du parti. En 2009, le bureau national me nomma président en charge des affaires internationales des Jeunes Démocrates. Mon rôle était d'élargir l'influence du parti dans le monde. Nous avions un réseau relationnel assez modeste et notre nouvelle ambition était de l'étendre au monde entier. J'ai ainsi été appelé à représenter les jeunes du Parti Démocrate sur tous les continents. Nous prenions une part active dans la promotion de valeurs comme la paix, la démocratie, la tolérance, et l'engagement citoyen dans différents pays du monde. Nous avions identifié des jeunes qui pouvaient nous représenter partout et nous relayer les aspirations et doléances des populations. Nous avions un vrai rôle à jouer auprès des élus qui trouvaient dans notre structure un important vivier de suffrages. Les levées de fonds furent remarquables. Nous avions accueilli la réunion annuelle des jeunes démocrates de l'Ohio à Cleveland et j'avais aussi représenté Cleveland et l'Ohio au niveau national.

Bien loin de Kaolack …

Permettez-vous le plus fou, osez, ayez confiance en vous

Souvenez-vous : en 2007, l'Amérique avait soif d'une aube nouvelle et les médias comme les citoyens s'interrogeaient sur l'identité du prochain président des États-Unis. La candidature du sénateur Barack Obama était encore incertaine. L'ancien sénateur John Edwards fut présenté comme celui qui détenait les meilleures solutions pour combattre la pauvreté. Hillary Clinton, elle, était perçue comme l'héritière naturelle d'un parti que son époux avait contribué à bâtir. On la disait imbattable. Pour ses partisans, les élections primaires étaient gagnées d'avance. On disait de Joe Biden, sénateur de haut vol, qu'il pourrait restituer à l'Amérique l'estime du monde à un moment où la nation était décriée pour ses nombreuses guerres. Et alors que la bataille des idées avait déjà commencé, Obama n'était pas encore officiellement déclaré. Comme la plupart des gens, je pressentais sa candidature.

«La personnalité d'Obama inspire confiance. Il a un leadership naturel», disais-je à mes amis. Mes interlocuteurs, qui pour la plupart avaient plus d'expérience que moi, riaient: «Tu n'as rien compris. Obama n'est pas prêt».

Même mon ami Reggie Maxton n'y croyait pas.

«D'ailleurs, Barack Obama, ça sonne mal! Barack sonne musulman et arabe… Quelle combinaison! D'ailleurs, «Obama», ça vient d'où? Avec un nom comme le sien, il n'a vraiment aucune chance. Les souvenirs du 11 septembre restent trop vifs dans les esprits», m'expliquait-on, ou bien «Obama est noir. L'Amérique n'élira pas un président noir avant cinquante bonnes années». On sait ce qu'il advint de ce pronostic.

++++

Alors que j'étais toujours président chargé des affaires inter-nationales des Jeunes Démocrates, un ami membre de Gen 44, l'organisation regroupant des leaders de moins de 40 ans du parti démocrate engagés dans la campagne du Président, me souffla qu'Obama annoncerait sa candidature pour 2012 trois semaines plus tard, en avril à Washington. Je parvins à intégrer le comité de mobilisation des moyens financiers au profit de la campagne du leader démocrate. Une concurrence acharnée avait lieu car, comme je l'appris plus tard, celui qui levait le plus de fonds aurait le privilège de présenter le Président Obama lors du lancement de sa campagne électorale.

Chaque soir, la direction de campagne faisait le point sur les dons et les montants collectés par chaque membre du comité. Je fus surpris de me retrouver en tête du classement avec un montant de 14 000 dollars. C'était la première fois que je me livrai à cet exercice et la crainte de ne pas être à la hauteur de ma tâche m'avait empêché de dormir pendant plus de deux semaines. J'avais mis à profit mes nuits blanches pour envoyer des mails, et passer des coups de fil à tous mes contacts. Ce fut un travail délicat, car le Président avait perdu des soutiens, même dans le camp démocrate.

La veille du lancement de la campagne 2012, la directrice du protocole m'appela et me demanda de préparer une allocution de 2 minutes 55 secondes pour annoncer le Président et parler de notre creuset, Gen 44. "Cela incitera les jeunes à soutenir davantage le Président" dit-elle, enthousiasmée. C'était une opportunité fantastique! Passée la stupeur, cette nouvelle suscita en moi une grande émotion, une véritable exaltation. Moi, le jeune Sénégalais, arrivé aux Etats-Unis à peine 10 ans auparavant avec 20 dollars en poche! Moi, le petit Thione Niang de Kaolack, j'allais annoncer le Président le plus puissant du monde avant son discours de candidature à un second mandat! Emotions, sensations fortes, et beaucoup d'idées se bousculaient en moi. J'avais 2 mn 55 secondes pour résumer ce qui motivait mon engagement.

J'entrepris de ne dire que l'essentiel. Afin de trouver mon inspiration, je passai la nuit à écouter les discours des précédents présidents américains. Je pus ainsi réfléchir aux idéologies et aspirations d'Obama, de Kennedy, et de Bill Clinton. Ces 3 minutes me consumaient, m'absorbaient complètement.

Lorsque je franchis le seuil de l'hôtel Hilton, avant le début de la cérémonie, je me rendis avec certains compagnons de lutte dans une salle pour saluer le Président, lui faire un bref compte-rendu de nos démarches de campagne, et être pris en photo avec lui. Ce serait, pensai-je avec vanité, ma neuvième photo avec Barack Obama. Il me salua, et demanda de mes nouvelles. Je répondis que je m'inquiétais surtout de la participation de la jeunesse à cette campagne. «Nous avons un gros problème avec les jeunes, ils n'ont plus le même enthousiasme que lors de la première campagne. Nous devons faire quelque chose» lui dis-je.

«Que proposes-tu?» m'interrogea-t-il.

«Il nous faut créer un mécanisme pour expliquer à la jeunesse ce que vous avez accompli ces dernières années et comment ces réalisations peuvent avoir un impact positif sur leur vie.»

Le Président appela aussitôt son assistant personnel, Reggie Love, et lui demanda de me recevoir afin d'envisager avec moi les initiatives susceptibles de gagner l'adhésion massive de la jeunesse.

Après ce bref échange et la photo avec le Président, je rejoignis le podium où je venais d'être annoncé. Mon intervention fut essentiellement axée sur l'importance de l'engagement des futurs leaders américains aux côtés du Président. «Demain, que répondrez-vous lorsqu'on vous demandera où vous étiez lorsqu'Obama se battait pour changer l'Amérique et le monde? Nous qui avons compris et suivi sa vision, pourrons répondre fièrement que nous étions aux côtés du Président, que nous le soutenions de toute notre jeunesse et de toute notre foi.»

Le Président évoqua à son tour les mesures prises en faveur des populations, ainsi que son engagement pour la dernière grande campagne de sa carrière politique. Il était prêt à conquérir la Maison Blanche pour la deuxième fois. Nous étions prêts à faire réélire celui qui incarnait pour nous l'avenir de l'Amérique, et allions jeter toute notre énergie pour ça dans la bataille.

Cultiver l'art de s'intégrer vite et bien

En 2006, pendant la campagne de Shirley Smith, députée démocrate, pour devenir Sénatrice, campagne dont j'étais le directeur, Shirley me présenta à Sarah, la présidente des jeunes démocrates de l'Ohio. Cette dernière m'exprima sa joie "d'enrichir", par ma participation, les rangs de l'aile "Jeunesse" du Parti Démocrate. Par conséquent, elle me recommanda quelques jours plus tard à Troy, le président des Jeunes Démocrates du County de Cuyahoga. Les jeunes du parti se rencontraient chaque trimestre, chaque délégation faisait l'état des lieux de sa région ; la prochaine réunion était prévue un mois plus tard à Philadelphie. Je me portai volontaire pour faire partie de la délégation représentant l'Ohio. A Philadelphie, en présence de tant de jeunes, d'énergie, et de dynamisme, j'étais dans mon élément. En effet, j'aime la jeunesse pour ce qu'elle incarne : la capacité et le désir de progresser vers l'avenir.

Tout le monde se connaissait, si bien que la scène à laquelle j'assistais ressemblait à une réunion de famille. Moi, j'étais l'inconnu, et je me sentais étranger. Intrigué et légèrement déboussolé, je demandai à Sarah, «Ils se connaissent tous ?». «C'est simple, il suffit d'être assidu. Ne t'inquiète pas. Trois réunions et tu connaîtras tout le monde » répondit-elle d'un ton assuré.

Le président national des Jeunes Démocrates annonça que le parti entendait créer un regroupement de militants universitaires appelé le College Caucus[1]. Ce groupe serait doté d'un bureau exécutif et il y allait avoir des élections « spéciales » pour pourvoir les postes de président, vice-président, secrétaire et trésorier. Et alors que cette réunion devait durer quatre jours, seuls deux jours nous séparaient du Jour J des élections! Cette soudaine annonce se révélait être une opportunité à laquelle mon instinct d'activiste se mit en éveil.

À la sortie de la réunion, j'allai me présenter aux membres de la délégation de mon état, l'Ohio. « Je serai candidat aux élections. Je compte intégrer le bureau du College Caucus. À vrai dire, je voudrais être président du College Caucus » annonçai-je avec le plus grand sérieux. En retour, une avalanche de rires, amusés et moqueurs … Ce n'étaient pas des rires méchants, mais réalistes. Ils rirent gaiement et ouvertement, et c'est seulement lorsqu'ils remarquèrent que je ne riais pas qu'ils comprirent que mes intentions étaient sincères. L'air sérieux et grave, je les regardais sans dire un mot.

« Alors, c'est pas pour rire ?! » demanda un jeune homme en bleu marine.

« La politique est une chose sérieuse, et je suis quelqu'un de sérieux ! » dis-je, le regardant droit dans les yeux.

« Mais personne ne te connaît ! Tu viens d'arriver et tu veux être président ? Personne ne votera pour toi. Tu vas te ridiculiser ! »

---

1. Le College Caucus avait pour objectif de regrouper, au niveau national, les militants universitaires du parti des Jeunes Démocrates.

Ma conviction ne cilla pas. Je serai candidat, me disais-je, quoiqu'en pense mon camp politique qui, logiquement, se devait d'être mon principal soutien.

« Dans une élection, on gagne toujours : ou bien de la notoriété, ou bien de l'expérience, ou bien des deux » me disait souvent Reggie Maxton.

Donc, je serai candidat, et je gagnerai, me dis-je. Et une euphorie m'envahit comme si j'avais déjà gagné. Dans ma tête, il n'existait aucune possibilité autre que la victoire mais devant la réticence des miens quant à ma campagne, je dus me trouver un autre allié. Fortuitement, je fis la connaissance d'un floridien qui semblait être bien introduit auprès de la majorité des membres. Jeune démocrate pétri de talent, d'origine pakistanaise, il partageait mon désir de voir les minorités jouer un rôle important au sein du parti. Nous tentions de convaincre les uns et les autres de se rallier à mon programme visant à rassembler les jeunes démocrates à travers le pays en vue des élections présidentielles de 2008. Obtenir leur soutien n'était pas chose aisée. Les appuis s'organisèrent par sensibilité géographique.

Le jour du scrutin, trois candidats étaient sur la ligne de départ : l'Arkansas, New York et l'Ohio, que je représentais. À quelques minutes du vote, chaque candidat détailla quelques minutes la raison pour laquelle il ou elle devait être élu président. Le candidat de l'Arkansas fit preuve d'une telle éloquence que je fus tenté de lui accorder mon vote. Parler en public lui semblait facile, et il en tirait d'ailleurs un grand plaisir. La candidate de New York fut également remarquable. A mon tour... Serais-je être à la hauteur des allocutions précédentes ? Je puisai l'énergie et la détermination nécessaires pour transmettre mes idées à mon auditoire dans ma rage de réussite. J'indiquai que les minorités démocrates, malgré leur engagement et leur soutien, étaient absentes des instances de décision du parti. J'attirai l'attention sur le fait que cela ferait perdre des militants au parti, surtout dans les zones où vivaient les minorités. Et il est vrai que je plaçais les femmes et minorités ethniques au cœur de mes préoccupations.

« Tous les Américains devraient se trouver représentés par notre parti. Mes chers amis, nous sommes actuellement face à un choix qui déterminera l'avenir de notre parti. Le choix nous appartient : ou bien nous cessons d'être un regroupement discret et discriminatoire fermé aux petites gens, ou nous ouvrons grand les portes de notre maison commune qu'est le parti démocrate, pour accueillir tous ceux qui partagent avec nous le désir d'une grande Amérique, nation de paix, de cohésion et de prospérité. C'est dans cette dernière alternative, me semble-t-il, que le parti démocrate trouvera la sève nécessaire à sa croissance. Le College Caucus est le futur du parti démocrate et le futur de l'Amérique. En ce jour où nous avons la lourde responsabilité de décider pour notre peuple, faisons le choix de la sagesse. Acceptons la main tendue des minorités qui soutiennent inconditionnellement nos idéaux. Faisons avancer notre parti vers les Américains ! »

Malgré les ovations qui suivirent mon intervention, c'est le candidat de l'Arkansas qui fut élu à la présidence. À la grande surprise des membres de ma délégation, j'obtins la confiance des électeurs et fus élu vice-président national. Je ne le savais pas encore, mais huit mois plus tard le président élu démissionnerait et je deviendrais le président du College Caucus National des Jeunes Démocrates d'Amérique !

++++

En 2007, je devins le président des jeunes démocrates de Cuyahoga County[1] contre la volonté de mon camp politique....

---

1. Cuyahoga County ; cette région regroupe 54 villes

Je travaillai à rallier des milliers de jeunes à l'organisation, et ceux-ci se chargèrent ensuite de renforcer ma légitimité. Nous avions identifié des jeunes qui pouvaient nous représenter partout et nous relayer les aspirations et doléances des populations. Nous avions un vrai rôle à jouer auprès des élus qui trouvaient dans notre structure un important vivier de suffrages. Les levées de fonds furent remarquables. Nous avions accueilli la réunion annuelle des jeunes démocrates de l'Ohio à Cleveland et j'avais aussi représenté Cleveland et l'Ohio au niveau national. Ohio était particulièrement important car l'Ohio était l'un des états déterminants

Rendre ce qu'on a emprunté

En 2012, je fus invité au Sénégal pour parrainer la cérémonie des *English Lovers Awards*, qui récompensent au niveau national les étudiants les plus à l'aise en anglais. Je me souvins avec émotion du club d'anglais de mon adolescence. À quoi aurait ressemblé ma vie si je n'avais pas fait partie de ce club? Insignifiant et souvent considéré comme source de divertissement, l'English Club avait été une aubaine, une bénédiction qui m'ouvrit au monde entier bien que né à Kaolack.

Je devais donner une conférence sur le leadership dans le cadre de la manifestation. À l'heure du rendez-vous, une foule importante s'était rassemblée devant le théâtre Sorano. Important aux yeux de beaucoup, cet événement l'était tout particulièrement aux yeux des miens, qui ne m'avaient jamais vu m'exprimer en direct. Leur fils, Thione Niang, était là. Ils en étaient fiers et émus au point d'en verser des larmes. Pour ma part, je ne voulais pas seulement encourager les jeunes à me suivre où à me ressembler. Parmi les centaines de personnes présentes à la conférence, il y en avait une dont la présence, que je ne soupçonnais pas, revêtait un caractère spécial à mes yeux.

Tonton Sorano, qui dix ans auparavant m'indiqua l'horizon à mon arrivée à Dakar, était venu m'entendre narrer une histoire dont il fut un important acteur et témoin. Dès que je vis cet homme à l'énergie spéciale, je fus porté par une vive gratitude. Tonton Sorano, bien qu'à la retraite, était venu me voir. Je me jetai dans ses bras. J'enlevai la montre que j'avais au bras et la lui offris : « Tonton, garde-la comme souvenir de ces nombreux moments passés ici au Théâtre Sorano. Ce lieu fut une grande scène où se sont joués quelques actes de notre amitié et de ma vie ». Il répondit par un merci chaleureux et émouvant.

À cette conférence, je vins avec ce qui était essentiel pour parler sincèrement : mon cœur. Et comme je fus loquace ce jour-là ! J'ignore si c'est parce que je n'avais plus de montre à mon poignet, mais je dépassai largement le temps de parole…

++++

Autres éléments qui ont toujours tenu une part très importante dans mes réflexions et mes décisions : mes 2 enfants et leurs mères. J'ai toujours cherché à leur apporter autant d'amour et de soutien que je le pouvais et compenser ainsi les moments difficiles qu'ils ont pu connaitre à cause de mes erreurs ou de mes choix.

Aujourd'hui, je me réjouis de voir mon fils ainé Bass devenir un homme. Ça me comble de bonheur de le voir grandir et surtout le voir grandir à mes côtés et s'impliquer dans mon combat d'auto-nomisation de la jeunesse. Il a reçu une formation en photographie et en édition vidéo, activité qu'il aime de plus en plus. Il est aujourd'hui le photographe officiel du bureau de Give1Project. Il voyage avec moi et mes partenaires, dans tous les pays où nous allons et enregistre tous les moments importants.

Cette année, il a réalisé son premier documentaire : la vidéo du Global Leadership Program 2014 à Washington DC. Un film de 18 minutes riche d'informations et d'histoires inspirantes.

Vous ne pouvez pas imaginer la fierté que je ressens d'apercevoir mon fils comprendre ce qui m'anime au quotidien et de se l'approprier à son tour.

Très tôt, je lui ai fait comprendre que pour réussir, il faut travailler. Être le fils d'une telle ou telle personne ne suffit pas. Il faudra qu'à son tour il écrive sa propre histoire comme j'ai pu le faire. Et que parfois, il y aura des moments où ce sera dur, où il aura l'impression qu'il n'existe pas d'opportunité ; et que c'est dans ces moments-là qu'il sera le plus à même de créer sa propre personnalité, sa propre trajectoire.

Par ailleurs dès qu'il reçoit son salaire il en envoie une partie à sa mère Anta comme je le fais toujours pour la mienne. C'est ce que nous avons convenu ensemble et je suis ravi que ça lui plaise.

En ce qui concerne Joy, je suis content d'avoir su rétablir rapidement des relations paisibles et harmonieuses avec elle. Et je suis vraiment fier d'elle : elle a réussi à terminer ses études d'infirmière et continue pour obtenir un master. Et c'était vraiment un challenge pour elle de réussir à aller jusqu'au bout !

Mon fils El Hadji est un jeune garçon avec de nombreuses qualités. Sa mère Joy a su les faire grandir en lui dans un esprit d'ouverture et de générosité. Aujourd'hui, El Hadji et moi, nous voyons régulièrement et j'ai eu la chance de pouvoir adopter son petit frère.

Joy m'a permis de continuer à progresser sur mon chemin en veillant soigneusement sur El Hadji, au cours de mes différentes activités et de mes différents voyages, dans le monde. Je ne regrette pas qu'elle soit la Maman de mon fils. Elle lui donne beaucoup d'amour et une belle éducation. Je suis reconnaissant pour tout ce qu'elle fait et continue à faire pour les enfants. Elle est la preuve qu'il ne faut jamais baisser les bras. Joy continue à se battre pour toujours donner le meilleur exemple aux enfants et à moi-même.

Pour moi cette responsabilité et cette solidarité vis-à-vis des siens sont des éléments fondamentaux de mon mode de fonctionnement.

Engagez-vous dans des projets ambitieux et généreux, ils génèrent une énergie colossale

Le lendemain de son investiture, en janvier 2009, le Président Obama réunit tous le staff de sa campagne, dont je faisais partie, et nous exhorta à ne pas laisser s'éteindre l'énergie déployée pour sa victoire : « Allez dans vos communautés ou à travers le monde et mettez cette énergie à leur service ». Emu, convaincu de vivre un moment historique lors de l'élection de ce premier Président afro-américain, j'ai réfléchi à ce que je voulais faire. Très rapidement j'ai eu envie de transmettre aux jeunes du monde entier et en particulier aux jeunes africains une partie de ce que j'avais reçu. Progressivement le projet de Give1Project s'est élaboré dans ma tête pour devenir une certitude. J'ai eu la chance qu'on me propose un poste de conseiller au Congrès. J'ai accepté, ce qui m'a permis de construire mon projet de façon sereine. Quelques mois plus tard, en Novembre 2009, Give1Project, a été officiellement lancé. Mais le vrai démarrage a eu lieu en 2010 avec le début du programme des stages à Paris, puis aux Etats-Unis, à Cleveland et Washington, en partenariat avec Village TV et les Young Democrats of America

Pour faire court, Give1Project est une organisation mondiale à but non-lucratif. Son but est de repérer, former et encadrer de futurs leaders mondiaux, chacun dans sa communauté, à travers le monde. Give1Project vise l'intégration des jeunes dans les processus politiques, par une participation civique et citoyenne, et après leur avoir apporté une formation au leadership et à l'entrepreneuriat.

Le premier programme que nous avons créé, en 2010, est le Global Leadership Program. Il vise à réunir des personnalités et de jeunes leaders venant de plusieurs pays, afin de créer des ponts culturels et de participer à des réflexions sur des problématiques d'actualité au niveau international. Son objectif: permettre à ces jeunes leaders de développer des aptitudes professionnelles et interpersonnelles et de construire entre eux un réseau global. Autre but: mettre en place des cercles d'échange entre les participants étrangers, les participants du pays et les institutions rencontrées localement, permettant un partage constructif d'expérience entre ces différentes parties. De la même façon, lors du 5° anniversaire de Give1Project à Washington, les participants auront l'occasion de rencontrer et d'échanger avec des personnalités du monde politique et du monde des affaires, ainsi qu'avec de jeunes entrepreneurs locaux. Une opportunité toujours très riche!

Très concrètement Give1Project organise tous les trois mois, dans un pays différent, une rencontre entre 15 jeunes leaders de ce pays et 15 jeunes leaders venant d'autres pays. Ils suivent ensemble un cycle de formation sur le Leadership et l'entrepreneuriat et rencontrent à plusieurs reprises des personnalités du monde politique et du monde des affaires.

En quelques années nous avons réussi à lancer Give1Project dans plus de 20 pays à travers le monde (Europe, Asie, Afrique et Amérique) et notre objectif dans les 5 ans à venir est de mettre en réseau plus de 100 000 jeunes!

En parallèle nous avons réussi à développer de nombreux programmes complémentaires qui ont souvent reçu un accueil enthousiaste.

Quand je regarde tout le travail que nous avons accompli, au cours de ces cinq années, avec les équipes de Give1Project je suis impressionné par la quantité et la richesse de tout ce qui a été réalisé. Jamais je n'aurais imaginé pouvoir accomplir tant de choses en aussi peu de temps. Jamais je n'aurais imaginé rencontré autant de responsables politiques et de responsables du monde des affaires et obtenir autant de soutien de leur part. J'ai l'impression que nous avons vraiment fait ce que le président Obama nous avait demandé, nous avons continué à nous faire porter par cette énergie fantastique que nous avions connue lors de sa première élection et qui nous a à nouveau soulevés lors de la seconde. Mon souhait aujourd'hui c'est de continuer à utiliser cette énergie et contribuer à transformer le monde jour après jour. Le projet Akon Lighting Africa que nous avons démarré en 2014 avec Akon et Samba Bathily est la preuve qu'il est possible d'aller encore plus loin.

Des rencontres qui transforment notre vie et celle des autres

Chaque année en septembre, nous organisons un séminaire sur le Leadership à la Maison Blanche, le « Global Leadership Program », et ce depuis que le Président Obama est arrivé au pouvoir. Nous y invitons des jeunes « leaders », membres de Give1Project, venus de partout à travers le monde. Ce sont des entrepreneurs, des écrivains, des jeunes politiciens ou autres.

En 2013, j'ai contacté la star sénégalo-américaine Akon afin qu'il intervienne dans le cadre du programme de cette année-là. Dans la plupart des pays africains, il était déjà l'artiste préféré des jeunes. Quelle agréable surprise de le voir accepter !

Il fut l'invité-surprise de la réception que mon ami François Delattre, Ambassadeur de France à Washington à l'époque, avait organisée en mon honneur et rassemblant 60 jeunes *leaders* venus de 27 pays. Un grand cadeau pour tous les participants!

Au cours d'une discussion avec Akon, je lui ai demandé ce qu'il pensait que nous devrions entreprendre pour l'Afrique, notre terre natale. Originaires de là-bas, nous nous sentons tous les deux obligés d'apporter notre pierre à l'édifice de la construction et du développement du continent africain.

— « Akon, imagine l'usage qu'en auraient fait Mandela ou Luther King s'ils avaient eu à leur disposition Twitter, Facebook ou Instagram! lui dis je.

— Toi Akon, tu as 58 millions de personnes qui te suivent sur Facebook, plus de « followers » que le président Obama. Que comptes-tu faire de cette opportunité d'influencer des vies? Quel souvenir voudrais-tu laisser? Au delà de la musique, que diront demain de toi, tes enfants, tes petits-enfants, puis leurs enfants?

— Toi et moi, nous avons une responsabilité envers l'Afrique, celle de donner de l'espoir à la jeunesse africaine. Très peu de jeunes Africains auront la chance que toi et moi avons eue. On a voyagé partout à travers le monde, on a beaucoup vu, appris et compris.

— Maintenant c'est à nous de créer des opportunités pour les jeunes. Donc œuvrons ensemble pour une cause plus grande que nous deux, pour influencer le monde ».

D'accord avec cette idée, Akon me parla alors d'un Cheikh rencontré à Bahreïn et de leur projet d'investir sur l'énergie en Afrique

Le Cheikh souhaitait des lettres d'invitations émanant de 7 pays africains (Sénégal, Guinée Conakry, Burkina Faso, Gabon, Mali, Sierra Leone, Guinée Equatoriale) et établies par leurs présidents en personne. Les relations gouvernementales étant ma spécialité, je me suis engagé alors à rencontrer et persuader les 7 présidents que je connaissais déjà, pour signer les lettres d'invitation.

Durant 3 longues semaines, j'ai parcouru l'Afrique afin de rencontrer un à un les chefs d'états et obtenir les lettres d'invitation signées de leur main. Après de multiples conférences téléphoniques, le Cheikh s'est mis à hésiter, alors que je recevais des appels pressants des présidents demandant la date de notre venue.

Je sentais vaciller l'intérêt du Cheikh pour investir en Afrique... J'ai appelé Akon et lui ai parlé de ma volonté de préserver notre réputation auprès des chefs d'Etats africains. Il nous fallait trouver une solution en dehors du Cheikh. Je me suis souvenu avoir rencontré à Conakry, un an auparavant, un jeune Malien du nom de Samba Bathily. Samba travaillait beaucoup avec les Chinois sur les infrastructures en Afrique, mais aussi sur la question de l'énergie solaire.

J'ai reçu Samba dans mon bureau de Give1Project Dakar avec deux de ses partenaires chinois. J'ai évoqué Akon et notre projet d'énergie en Afrique. Le nom d'Akon a agi comme un sésame. Au fil des entretiens, la solution de l'énergie solaire s'est imposée.

La nuit même j'en ai parlé à Akon et lui ai demandé de venir rencontrer Samba à Dakar pour avancer. Quelques jours plus tard Akon est arrivé. Il est venu directement de l'aéroport aux locaux de Give1Project. Nous nous sommes enfermés dans mon bureau pendant 7 longues heures et «Akon Lighting Africa» et «Solektra International» ont été créés.

Le nom Akon Lighting Africa, le logo, le site internet et les supports de communication ont été mis au point par les jeunes de Give1Project, restés travailler sur ces sujets pendant toute la nuit.

Puis nous sommes allés voir les Présidents en commençant par le Sénégal, notre pays natal.

10 pays en 10 jours, à la rencontre des Chefs d'états, de leurs Ministres de l'Energie mais aussi des jeunes repérés par Give1Project.

Dans chaque pays, j'ai motivé les jeunes pour les impliquer d'ores et déjà dans le projet solaire.

Nous allions dans la plus grande université de chaque pays à la rencontre de la Jeunesse, et les foules étaient incroyables. La jeunesse africaine se mobilisait avec nous pour reconstruire l'Afrique. Les structures de Give1Project dans chaque pays organisaient tout avant notre arrivé, et mes précédentes années de voyage, au cours desquelles j'ai mobilisé les jeunes dans ces différents pays, se révélèrent bien utiles.

Quant à nos rencontres avec les responsables politiques des différents pays elles furent à la fois chaleureuses et passionnantes. Dans la plupart des cas nous fûmes accueillis avec beaucoup d'enthousiasme. Nous avons senti à quel point ce projet répond à une attente forte à la fois des responsables politiques et des populations. La présence d'Akon et la mienne apportent à ce projet un angle de vue très différent de ce qui se faisait jusqu'à présent. Sa notoriété apporte une dimension inhabituelle, mon histoire, ma trajectoire, mes liens avec le Président Obama, l'implantation de Give1Project dans de très nombreux pays africains apportent également une perspective différente par rapport à ce qu'ils ont l'habitude d'entendre et de connaître.

Chaque visite est une occasion d'aller encore plus vite et encore plus loin. Une dynamique puissante est en train de se mettre en route.

En juin 2015, Akon Lighting Africa était déjà présent dans 14 pays Africains sur les 38 visés par le projet. Des millions de maisons ont déjà été électrifiées et les vies de leurs habitants changent chaque jour. 600 millions d'Africains n'ont pas accès à l'électricité ; nous avons enclenché le processus pour changer cette situation. Nous avons apporté la lumière dans les villages, les plus reculés du Kenya dans le Masai, dans des villages du Sénégal, du Bénin, du Mali, du Burkina-Faso, du Gabon, du Niger etc...

Certes, c'est ambitieux mais avec le travail, c'est la condition nécessaire pour atteindre des buts qui nous semblent souvent inimaginables.

Osez demander ce qui vous parait juste

Lors de nos négociations, nos partenaires chinois ont voulu nous imposer leurs techniciens pour l'installation. Prenant la parole, j'ai signifié mon désaccord : « Nous avons besoin d'un Directeur de projet et d'un Contrôleur, pour le reste je pense que l'Afrique compte assez de jeunes qui ont besoin de travail ».

D'un même coup, les jeunes seraient formés à installer les panneaux, et résidant sur place, ils pourraient aussi assurer la maintenance si nécessaire. J'ai convaincu mes deux partenaires, Samba et Akon, et nos partenaires chinois ont fini par céder.

Aujourd'hui, *Akon Lighting Africa* fait travailler des milliers de jeunes Africains. Imaginez les bouleversements : l'accès à l'électricité permet aux élèves, lycéens et étudiants d'étudier la nuit tombée, ou encore aux médecins et aux sages-femmes de soigner les malades sans attendre le lendemain, faute de lumière pour intervenir....

Puisque mon rôle consistait à gérer les relations avec les gouvernements et les institutions d'une part, et de mobiliser la jeunesse d'autre part, je suis allé à New York pour rencontrer les responsables de l'ONU. A l'issue de nombreuses réunions, un partenariat avec le bureau de *Sustainable Energy for All* a été mis sur pied, et nous avons été invités au sommet de l'énergie aux Nations Unies en mai 2015. Akon, Samba et moi nous sommes rendus à New York.

En présence de chefs d'Etats, de Ministres, d'entrepreneurs du secteur privé de l'énergie venus du monde entier, j'ai ouvert la conférence.

Dans mes rêves de jeunesse, et mes ambitions de l'époque, l'ONU occupait une place spéciale. Collégien à Kaolack, je regardais Koffi Anan, à l'époque Secrétaire Général de l'ONU, prononcer ses discours, debout sur l'estrade où les Présidents, membres de l'Assemblée Générale de l'ONU s'expriment. Et voilà que 25 ans plus tard c'est à moi de prononcer sur cette même estrade le discours d'ouverture et présenter notre programme *Akon Lighting Africa* avec mes deux partenaires !

J'en avais rêvé une nuit, dans l'obscurité des cases de mon enfance, dans ma petite ville natale de Kaolack. Et 25 ans plus tard, j'ai réalisé ce rêve en présentant un projet dont la finalité est d'apporter la lumière aux millions de jeunes qui étudient sous les lampes artisanales ou les lampadaires publics.

Les besoins sont énormes : plus de 600 millions de personnes en Afrique sont encore dans l'obscurité chaque nuit. Habitée par un sixième de la population mondiale, l'Afrique ne reçoit que quatre pour cent de l'approvisionnement en énergie dans le monde ! La situation est encore plus insupportable quand vous vous rendez compte que l'énergie est l'un des facteurs clés du développement. L'énergie signifie tout : accès à l'eau, accès à la santé, à l'éducation, aux médias, à la culture.

Bien au-delà de la seule énergie, cela génère des emplois, des entreprises, de l'administration ; de la croissance en somme.

Avec nos solutions solaires, nous pouvons radicalement transformer des vies et des économies. Le plus difficile est de convaincre les autres de partager ce que vous croyez. Comme l'a dit le Président Mandela, « cela semble toujours impossible jusqu'à ce que cela soit fait «. Nous l'avons fait : nous avons démontré que nous pouvons accélérer l'électrification de l'Afrique et que nous avions raison d'être ambitieux ! Et nous convainquons avec un argument fort : notre business model.

Aux Nations Unies, nous avons annoncé la création au Mali d'une académie du solaire. Premier du genre sur le continent, ce centre sera ouvert à tous les Africains désireux de s'investir dans le secteur du solaire et leur dispensera une formation professionnelle.

L'académie solaire bénéficiera de l'appui de la Solektra international ; certains de nos partenaires internationaux fourniront les équipements et assureront le programme de formation. Il sera spécialisé sur l'installation et la maintenance des systèmes d'électrification solaire, avec un accent particulier mis sur les micro-grids actuellement en plein essor, surtout dans les zones rurales.

Nous avons le soleil 320 jours de soleil par an, nous avons des technologies innovantes pour l'électrification domestique et collective ; à présent, ce sont les compétences africaines qu'il faut renforcer. C'est la mission que nous nous fixons. Nous faisons plus qu'investir dans l'énergie seule : nous investissons dans le capital humain. Nous pouvons accélérer la transformation de notre continent à condition de former dès maintenant des générations d'ingénieurs, de techniciens et d'entrepreneurs africains qualifiés.

C'est seulement avec une véritable approche économique que l'on pourra faire la différence. Nous avons démontré que le secteur privé est capable de fournir des solutions et de progresser beaucoup plus vite que l'aide au développement.

Je crois que nous pouvons passer aujourd'hui, du paradigme de «développement par l'aide» à celui du «fair trade» avec des entrepreneurs fiables et solides, alors le monde va accéder plus aisément aux idées et aux talents, venant de la prochaine génération de la jeunesse africaine. Voilà pourquoi je me suis engagé dans ce projet pour aider à apporter de l'énergie au cœur de l'Afrique avec mes partenaires Akon et Samba. C'est un engagement personnel, enraciné dans des souvenirs personnels, celui de ces matins où mon grand-père me réveillait très tôt avant l'école pour pouvoir finir le travail que je n'avais pas réussi à faire le soir par manque de lumière.

Tout est possible!

Début juillet 2015, j'ai été invité à un dîner privé avec le président Barack Obama, chez le producteur de film Tyler Perry à Beverly Hills (Californie). A cette occasion j'ai pu avoir une longue discussion avec lui. J'éprouvais le besoin d'échanger avec lui sur certains points, notamment sur la loi de l'immigration, sur *My Brother's Keeper*[1], et sur son initiative *Power Africa*; mais aussi au sujet du travail que nous menons, avec Akon, pour favoriser l'accès à l'énergie du continent africain.

Je lui ai rapporté ma récente réunion avec son équipe à Washington. Au cours de cette rencontre tenue dans le cadre du *Power Africa* dans les bureaux de l'USAID, j'avais souligné tous les avantages d'un partenariat entre *Akon Lighting Africa* et son initiative *Power Africa*. J'ai félicité le Président sur sa décision de se rendre au Kenya pour le Global Entrepreneur Summit. Aussitôt, le Président a suggéré de m'inviter et 3 semaines plus tard, me voilà au Kenya où je prononcerai avec Akon le discours d'ouverture de ce sommet international sur l'entrepreneuriat, à Nairobi.

120 pays étaient représentés par des entrepreneurs de tous secteurs d'activités. Lorsque j'ai pris la parole, j'ai évoqué nos actions, pourquoi et comment nous les réalisons; mais surtout leurs impacts, sur le continent africain. Les paroles d'Akon furent également motivées et inspirantes.

---

1. My Brother's Keeper: est une initiative lancée par la Maison blanche en 2014, à destination des jeunes défavorisés et qui a pour objectif de leur fournir des opportunités de rencontrer des mentors, des réseaux et d'acquérir des compétences pour pouvoir trouver un travail ou retourner faire des études.

Au cours de ce voyage dans le pays de son père, le Président Obama fut accueilli avec beaucoup d'enthousiasme par la population kenyane.

Lors du dîner officiel, il prononça un discours qui retint toute mon attention. Il raconta s'être rendu au Kenya 10 ans plus tôt à la recherche de sa famille et de ses racines ; un point essentiel que son père mentionnera dans sa dernière lettre à son attention. A l'époque de cette quête d'identité, c'était sa sœur qui l'avait accueilli à l'aéroport ; cette fois-ci, c'était en tant que Président des Etats Unis d'Amérique qu'il venait d'être reçu. L'émotion dans la salle fut importante et touchante.

Cette nuit-là fut pour moi mémorable, la présence de sa grand-mère paternelle, de sa sœur et d'autres membres de sa famille était un symbole fort. J'ai également retrouvé avec une joie profonde mon ancien patron : la députée Marcia Fudge, invitée d'Obama comme 20 autres sénateurs et députés pour ce séjour au Kenya.

A cet instant, j'ai à nouveau réalisé que tout est possible !

Garder des valeurs fortes (Dernière lettre à mon grand-père)

Mes remerciements et mon immense gratitude vont à feu mon très cher grand-père

«L'éléphant meurt, mais ses défenses demeurent» (proverbe africain)

La dernière image que j'ai de toi me revient. C'était à l'occasion de la fête du Ramadan. Tu me parlais d'un rêve qui me rendit triste.

«J'ai vu mon visage, me disais-tu, sur une face de la lune. Ce qui signifie, pour moi, que Dieu me rappellera dans un bref délai». Tu essuyas mes larmes et m'expliquas que mon rôle était de prendre soin de la famille. Tu me remis alors un tissu de six mètres de long dans lequel tu souhaitais être enseveli, lorsque le moment sera venu. Tu me confias également les documents administratifs de ta maison, et tu m'offris ta montre. Cette montre avait une haute valeur affective pour toi, car tu l'avais rapportée de la Mecque où tu étais allé en pèlerinage en 1978, année de ma naissance. « Le jour où je devrais quitter ce monde, je voudrais que tu sois présent avant que la première motte de terre ne me recouvre » m'avais-tu dit.

A la mi-octobre 1998, alors que je venais de finir la prière du soir, mon cousin surgit et me dit d'un ton grave qu'il y avait urgence, que je devais rentrer à la maison. Je pressentis un malheur. A la maison, Mam Khady, ta sœur, pleurait. En sanglots, elle confirma mes craintes : « Ton grand-père souhaite que tu viennes immédiatement à Kaolack », « Nous a-t-il quittés ? » « Non…non », fit-elle en détournant le regard. Je n'étais pas convaincu. La nuit à Kaolack me sembla plus épaisse cette fois-là. Approchant, j'entendis cris et pleurs…

A mon arrivée, mon oncle m'envoya en ville pour, prétexta-t-il, obtenir un prêt dans le but de préparer le deuil. Il me prit le tissu des mains et me demanda de filer. Je ne me doutais pas que c'était une supercherie pour expédier les cérémonies liées à ton inhumation en mon absence. Peut-être était-ce pour m'épargner de te voir me quitter définitivement. Ce fut malgré tout, l'un des moments les plus douloureux de ma vie.

A mon retour à Kaolack, le convoi était déjà en route pour Touba, le lieu d'inhumation. Ce voyage de deux heures fut le plus long de ma vie.

J'avais à l'esprit tes dernières volontés, notamment ma présence au moment où ta dépouille mortelle devrait être ensevelie. Je priais pour ne pas manquer cet instant. Arrivé à Touba, je croisai la famille au seuil du cimetière. Les obsèques venaient de prendre fin. J'étais le seul en retard alors que tu avais insisté pour que je sois là ce jour. Je me précipitai vers ta tombe, insistai pour te rendre un dernier hommage avant que la terre ne te recouvre pour l'éternité. Je descendis à tes côtés dans la tombe. Comment vivre sans la source d'inspiration et de courage que tu constitues pour moi ? Je te suppliai de ne pas me quitter. Je ne sus comment mais tu me répondis que tout ce dont j'avais besoin était en moi. Je ne sais comment, mais je vis ton sourire serein disparaître dans une nuée. Je réalisai le vide…

Rentré à la maison, je m'installai dans ta chambre pour prier, méditer, mais surtout pleurer. Ma douleur fut indescriptible lorsque j'appris par ma cousine que tu étais mort de la mort la plus atroce qui soit... Grand-père, je ne me remets pas de savoir que tu es mort de faim. C'est une réalité difficile à accepter, et depuis des années je n'en guéris pas.

Je resterai fidèle à la promesse que je t'ai faite de prendre soin de la famille et au-delà de jouer un rôle dans l'évolution de la société, au quotidien. C'est l'une des raisons de mon engagement dans le développement et l'autonomisation des jeunes. Je souhaite que chacun puisse s'exprimer le plus largement possible, que chacun puisse prendre conscience de ses talents et aller le plus loin possible sur le chemin qui est le sien. Je souhaite que tous ensemble nous construisions un monde dont nous puissions être fiers.

Conclusion

Un optimiste têtu

«Peu importe la direction du vent, le soleil va toujours où il doit aller» Proverbe africain

Lors d'une réunion à Tokyo au Japon, un jeune homme m'explique comme la plupart de ses pairs d'autres pays, que nous vivons dans un siècle où rien n'a été prévu pour la jeunesse. Il me demande quelle attitude je leur suggère d'adopter face à cette situation catastrophique. Je lui ai répondu qu'il s'agit d'une formidable opportunité. Tout le monde n'a pas la chance de pouvoir façonner son destin selon ses propres aspirations. «Prenez en main votre vie et modelez-la selon vos aspirations, si vous ne rencontrez aucune difficulté, alors vous n'avez rien entrepris d'intéressant».

Les mots réussite, richesse, succès n'ont de préférence pour aucune couleur de peau. Que vous soyez Noir, Blanc, Jaune, vous avez des modèles qui ont fait leurs preuves dans tous les domaines imaginables. Nous vivons dans un siècle où l'on n'a pas besoin d'une mine d'or ou d'un puits de pétrole pour bâtir une fortune. Il faut juste une idée. Votre tête est la plus faramineuse des mines d'or et le plus providentiel des puits de pétrole. Nous sommes donc tous riches, sauf que certains décident de laisser leur mine inexplorée, ou d'en exploiter une infime partie. Ceux qui décident d'en faire un usage complet, innovent, créent, étonnent le monde et s'étonnent surtout d'être pris pour des génies, car en réalité ils sont juste des mineurs qui ont creusé plus loin que les autres. Ayez une mentalité de mineur, creusez! Ne vous contentez pas du sable qui recouvre la mine, car le sable est banal et sa possession ne vous confère aucun mérite. Sachez aller au-delà des évidences, soyez quelqu'un de spécial.

Je ne vous incite pas à emprunter le même chemin que moi, mais à suivre le vôtre avec ardeur et témérité. Il s'agit d'une invite à cheminer vers des lendemains meilleurs, comme je me suis promis de le faire depuis des années. La nature nous prévient de ce qu'elle nous réserve: parfois il pleut, le tonnerre gronde, et le ciel se couvre de nuages, mais aucun de ces phénomènes n'empêche le soleil de poindre à l'horizon et de nous éblouir de son éclat. Vous êtes le soleil qui va poindre malgré les nuages. L'effort n'est jamais ingrat, c'est nous qui désespérons trop vite. Sur le chemin de l'accomplissement de soi, se trouvent des compagnons indispensables. Ils se nomment: foi, persévérance, audace, tolérance, pardon, ouverture, patience.

Je ne prétends pas tout savoir du monde, je ne prétends pas être celui qui pourra répondre à toutes vos préoccupations car je suis, tout comme vous, en route vers un lendemain que j'espère meilleur. Mon secret cependant réside dans la simplicité suivante: je ne vous encouragerai pas à me suivre mais plutôt à en faire autant, à vous frayer un chemin qui sera le vôtre et qui vous permettra d'atteindre la destination la plus belle que votre destin vous réserve.

Dans les moments où le désespoir vous guette, tâchez de vous souvenir que vous agissez non seulement pour vous, mais également pour vos parents, vos proches, votre ville, votre pays. Vous le faites pour la jeunesse du monde. En bravant les difficultés, en avançant d'un pas, vous faites progresser la jeunesse du monde, vous faites progresser le monde. Vous donnez un sens à votre vie. La réussite n'est jamais pleine si elle n'est que pour vous. Nous avons l'obligation de laisser le monde en meilleur état que nous l'avons trouvé, pour les prochaines générations.

Il faut néanmoins se poser une question essentielle. Qu'est-ce que la réussite ? La bonne réponse est celle que chacun se donne. La réussite est une notion relative dont la connotation dépend des aspirations de chacun. Mais je souscris à l'affirmation du président Obama qui dit que « si votre unique ambition dans la vie est d'être riche, alors vous n'êtes pas ambitieux ». De ma petite expérience, que j'ai voulu partager avec vous, j'ai tiré des convictions fortes et permanentes. Je vous livre une phrase de Martin Luther King qui est une source importante d'inspiration pour moi : "Take the first step in faith. You don't have to see the whole staircase, just take the first step." (*Faites le premier pas avec foi. Vous n'avez pas besoin de connaître tout le chemin, faites juste le premier pas.*)

Dans le doute ou dans le désespoir, tâchez de vous arrêter et de vous souvenir que vous n'êtes pas seul(e). Il existe plus ou moins loin, ou tout près de vous, un Mam Thione. Quelqu'un qui vous accorde sa confiance et son soutien inconditionnel et éternel.

Si j'ai pu suivre ma route, c'est parce que j'ai eu la chance de rencontrer des gens portés par le désir de servir, et qui m'ont aidé, et aussi parce que le désir de m'en sortir était plus puissant que les facteurs qui me tiraient vers le bas. Servir l'homme est la plus noble et la plus enrichissante des professions. C'est une voie qui ne tolère aucune trace de rancœur, de haine, ni de vengeance en soi. Il faut cultiver le pardon et la pureté d'esprit pour comprendre l'humain. C'est nourri par cette ambition que j'ai fait table rase de toutes les discordes avec les miens, que ce soit mon père, certains frères et sœurs.

Le choix de raconter mon court passé n'est motivé par aucune forme d'exhibitionnisme, mais par le souci de partager mes aspirations avec le plus grand nombre. Ce qui me tient à cœur c'est d'aider le plus de jeunes possible à tracer leur propre chemin, un chemin dont ils soient fiers et qui leur donne un sentiment d'accomplissement

Un trop plein d'optimisme m'anime, déborde et m'impose la nécessité du partage avec les autres. Un très fort optimisme quant à notre avenir, nous, la jeunesse du monde. Je suis convaincu que nous avons à portée de mains un potentiel inépuisable de richesses, d'intelligence et d'innovation. Je crois fermement que la meilleure manière de s'enrichir, c'est de partager. Partager toujours, surtout quand l'on pense ne plus rien avoir à donner.

Je suis persuadé qu'en donnant, en partageant et en nous ouvrant aux autres nous serons en mesure de construire un monde meilleur pour les générations à venir. Je ne dis pas que ce sera facile. Je dis juste que nous avons la possibilité de le réaliser si nous en avons la conviction et si nous nous engageons à le rendre réel.

Thione Niang (Juillet 2015)

TABLE DES MATIÈRES

Made in the USA
Middletown, DE
15 June 2021

42313200R00076